NOTIONS

SUR LES

BEAUX-ARTS

SPÉCIALEMENT RÉDIGÉES

POUR LES PENSIONNATS DE DEMOISELLES

comprenant tout ce qu'il est utile de savoir sur

le Dessin, la Peinture, la Sculpture,
la Gravure, l'Architecture
et la Musique

avec Figures

PAR A. CHAILLOT

PARIS   **AVIGNON**

VICTOR SARLIT, LIBRAIRE   AMÉDÉE CHAILLOT, LIBRAIRE

Rue de Tournon, 19   Place du Change, 5

BEAUX-ARTS

NOTIONS

SUR LES

BEAUX-ARTS

Comprenant tout ce qu'il est utile de savoir sur

le Dessin, la Peinture, la Sculpture, la Gravure, l'Architecture et la Musique

PAR A. CHAILLOT

PARIS	AVIGNON
VICTOR SARLIT, LIBRAIRE	AMÉDÉE CHAILLOT, LIBRAIRE
Rue de Tournon, 19	Place du Change, 5

1868

Imprimerie A. CHAILLOT, à Avignon.

NOTIONS ÉLÉMENTAIRES

SUR LES BEAUX-ARTS

Des Beaux-Arts en général.

Définition des Beaux-Arts.

1. « Dans tous les esprits, dit le P. André dans son *Essai sur le Beau*, il y a une idée du Beau ; cette idée dit excellence, agrément, perfection. Le Beau peut être considéré dans l'esprit ou dans le corps, le Beau sensible, que nous apercevons dans les corps, et le Beau intelligible, que nous apercevons dans les esprits. Tous nos sens n'ont pas le privilége de connaître le Beau. Il y en a trois que la nature a exclus de cette noble fonction : le goût, l'odorat et le toucher. La vue et l'ouïe sont les seules de nos facultés qui aient le don de le discerner. »

Les Beaux-Arts sont ceux des arts qui rendent le Beau sensible, et comme un art est une méthode pour faire un ouvrage suivant certaines règles, les Beaux-Arts sont la méthode pour exprimer, par des procédés matériels, la beauté idéale que les artistes de génie et de talent conçoivent dans leur esprit.

Avantages des Beaux-Arts.

2 Les Beaux-Arts, qu'on appelle aussi les Arts libéraux, sont pour l'homme une source de nobles jouissances, et quand ils ne sont pas détournés de leur but par de mauvaises passions, ils élèvent l'âme, adoucissent le cœur, et rendant sensibles à l'esprit les beautés et l'harmonie de la Création, ils lui font bénir le Créateur.

Division des Beaux-Arts.

5. La Division des Beaux-Arts découle naturellement des deux seuls de nos sens qui sont appelés à en jouir, la vue et l'ouïe.

Les Beaux-Arts destinés à charmer les yeux sont :

Les *Arts du Dessin*, qui comprennent le *Dessin* proprement dit, la *Peinture*, la *Sculpture*, la *Gravure* et l'*Architecture*.

Les Beaux-Arts que l'oreille a le privilége de goûter sont les *Arts de la Musique*, dans lesquels quelques-uns comprennent la Danse, exercice gracieux auquel l'accompagnement de la musique est indispensable.

PREMIÈRE PARTIE

ARTS DU DESSIN

Dessin proprement dit

4. Le Dessin, en général, est l'art de représenter sur une surface plane, telle qu'une feuille de papier, la figure ou la forme des objets qui frappent nos regards, et ceux dont notre mémoire nous a conservé le souvenir, ou que notre imagination se plaît à créer.

Divers genres de Dessin.

5. Les divers genres de Dessin sont le *Dessin d'Imitation*, qui comprend le *Dessin d'Ornement*, et le *Dessin Linéaire*, qui comprend le *Lavis*.

Le fondement de cette distinction dans les genres de dessin consiste en ce que, dans le dessin d'imitation, la main exécute ce que l'œil voit, et même ce que l'esprit conçoit, sans avoir recours à des procédés mathématiques; tandis que dans le dessin linéaire, on trace les objets qu'on veut représenter au moyen de la règle et du compas, et en se conformant aux principes de la géométrie et aux lois de la perspective qui sont fondées sur les mathématiques.

Dessin d'Imitation.

6. Le Dessin d'Imitation peut se diviser en deux genres : le dessin de la *Figure*, et le dessin d'*Ornement*.

Dessin de la Figure.

7. Sous ce nom de Dessin de la Figure, on entend celui qui sert à représenter l'homme et les animaux, et celui qui a pour but de représenter les autres objets de la nature, soit en détail, soit dans leur ensemble ; d'où naît la distinction entre le dessin de la *Figure* proprement dit, et le dessin du *Paysage*.

Dessin de la Figure humaine.

8. Le Dessinateur se propose d'exprimer, par des traits et des ombres, les contours et les reliefs des traits de l'homme, l'expression de sa physionomie, et les formes et les attitudes de son corps. L'élève commence par copier les traits du visage, le visage entier, et ensuite les diverses parties du corps, d'abord d'après des modèles faits par des maîtres ; ensuite il dessine d'après des modèles sculptés ou moulés en plâtre, qu'un appelle en ronde-bosse ; enfin il copie le modèle

vivant. On n'est dessinateur parfait, que lorsqu'on a réussi à représenter sur une surface
plane le modèle, de manière à rendre au moyen
des lignes et des ombres, toutes ses formes, et
jusqu'à l'expression de l'âme qui se peint dans la
physionomie et dans les gestes de l'homme.

9. On appelle *trait* les contours qui terminent
toutes les parties du corps, et ceux qui indiquent
la position des muscles. Les ombres servent à
faire paraître sur le papier le relief que ces parties ont en réalité. Le trait est la chose essentielle, puisque d'un trait posé juste ou à faux dépend
la ressemblance.

On ne peut pas être un bon peintre si l'on n'est
pas un bon dessinateur.

10. Un bon dessinateur doit avoir des no-
tions d'anatomie, de perspective, et des proportions du corps humain.

L'anatomie indique au dessinateur la position
des muscles, et la forme qu'ils prennent quand
ils sont contractés ou relâchés pour produire
les mouvements du corps.

La perspective apprend à placer les objets
dans une position et de leur donner une dimen-
sion, qui fasse connaître leur plus ou moins
grand éloignement.

Les proportions du corps humain doivent être connues du dessinateur, parce qu'elles ont été réglées d'après les plus belles figures, et les plus beaux ouvrages des grands artistes. Celui qui s'éloigne trop de ces proportions risque de produire des figures disgracieuses, laides et choquantes.

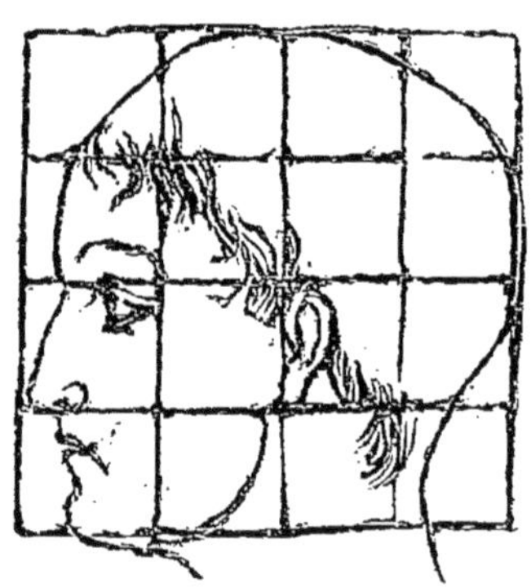

Proportions du corps humain.

11. Les proportions du corps humain sont une division idéale que les artistes en font, pour connaître les rapports que les différentes parties du corps ont entr'elles.

Pour la tête, on la divise en quatre parties égales ; la première commence au sommet de la tête jusqu'à la naissance des cheveux ; la deuxième descend jusqu'à la naissance du nez ; le nez fait la troisième partie, et la quatrième

s'étend jusqu'à l'extrémité du menton. On appelle *module* la moitié d'une de ces divisions.
L'œil a un module, le nez en a deux en longueur
et un en largeur ; la bouche a un module et
demi de long sur un demi module de haut. L'o-
reille a deux modules et se place à la hauteur
du nez.

Pour le corps, il se divise en huit têtes ; dont
quatre du sommet de la tête à la bifurcation du
tronc, et quatre pour les membres inférieurs.
La longueur des bras étendus est égale à la hauteur de l'homme. Les pieds et les mains ont
une tête de longueur

Il faut observer que ces proportions n'ont pas
une précision mathématique, mais sont une
indication approximative des rapports que les
parties du corps humain doivent conserver entr'elles, pour que le dessin qu'on en fait en soit
l'expression assez fidèle. Le dessin qui manque
lourdement aux règles de la proportion dégé-
nère en caricature ou charge ; c'est ainsi qu'on
appelle les dessins où l'on exagère volontaire-
ment les défauts physiques d'une personne.

Perspective.

12. Tout le monde sait que la grandeur apparente des objets est autre que leur grandeur
réelle, et que plus un objet est éloigné de la
personne qui le considère, plus il lui paraît

petit. Cette diminution dans la grandeur apparente est proportionnée à l'éloignement, et, par le moyen des mathématiques, on peut calculer quelle sera la grandeur apparente d'un objet, quand on connaîtra sa grandeur réelle et sa distance de l'observateur. Non. seulement les corps paraissent plus petits, à mesure qu'ils sont plus éloignés, mais encore ils paraissent placés plus haut que le plan où se trouve l'observateur ; et cette position est aussi soumise à des lois mathématiques. On conçoit donc combien il est nécessaire au dessinateur de connaître ces lois, pour ne pas faire des fautes choquantes dans un dessin qu'il compose d'après son imagination, et même dans ceux où il ne fait que copier. Nous dirons encore un mot de la perspective, quand nous parlerons de la peinture.

Procédés du Dessin.

13. On se sert en général du crayon noir pour dessiner le trait et les ombres ; celles-ci se font avec des hachures, c'est-à-dire avec des traits parallèles dans leur courbure, se croisant à angles plus ou moins aigus, et se multipliant dans les endroits où les ombres doivent être les plus fortes.

Pour esquisser, on emploie quelquefois le fusain, fait avec du bois de fusain réduit en charbon.

Quand on dessine d'après la bosse, on se sert, pour ombrer, de l'estompe, qui consiste en un rouleau de peau terminé en pointe à ses deux extrémités; on trempe l'estompe dans du crayon réduit en poudre.

Avant l'invention du crayon noir, on se servait du crayon rouge ou sanguine, qui est un oxyde de fer naturel.

En général on dessine sur du papier blanc ; mais quelquefois on emploie un papier gris, brun ou jaunâtre. Alors, pour faire ressortir les clairs, on se sert du crayon blanc fait avec de la craie.

Dans le dessin dit aux trois crayons, on emploie les crayons blanc, rouge et noir, et l'on obtient ainsi dans les portraits un effet approchant de la couleur de chair.

Dessin d'Ornement.

14. La connaissance du dessin d'ornement est indispensable aux sculpteurs appelés à décorer les monuments de l'architecture, et aux artistes de toutes les professions où une main habile vient donner une forme agréable, un aspect gracieux ou riche aux mille objets divers destinés à notre usage. Il y a souvent un grand art dans la décoration d'un simple vase, et tel plat de terre a fait la réputation d'un humble ouvrier.

1.

Procédés du Dessin d'Ornement.

15. Le dessin d'Ornement emploie les procédés du dessin d'imitation, et ceux du dessin linéaire. Il y a des ornements qu'on dessine par des procédés géométriques, et d'autres où le dessinateur ne suit que le caprice de son imagination. C'est cette faculté de créer des formes gracieuses, de combiner, en les mariant ensemble, les types tirés de la nature, qui constitue l'artiste, et c'est en ce sens que le dessin d'ornement, qui ne serait qu'une industrie, s'il n'employait que la règle et le compas, devient un art véritable. Il y a en effet des artistes de génie qui n'ont pratiqué que le dessin et la sculpture d'ornement.

Dessin linéaire.

Nous ne pouvons passer sous silence le dessin linéaire, quoique ce genre de dessin, étant soumis à des règles fixes, et ne dépendant pas de l'imagination, ne soit pas du domaine des beaux-arts.

Procédés du Dessin Linéaire.

16. La règle et le compas sont deux instruments indispensables au dessin linéaire. Il emploie aussi l'équerre, le tire-ligne, le compas de proportion, etc. La règle sert à tracer les lignes droites, le compas à décrire les cercles,

les arcs de cercle et d'autres courbes, l'équerre à élever ou à abaisser des perpendiculaires, à tracer des parallèles, à faire des angles droits, etc. Le tire-ligne, ainsi que l'indique son nom, tire les lignes droites qu'il fait plus ou moins épaisses au moyen d'une vis qui rapproche ou écarte ses deux branches.

Pour donner aux lignes le degré d'épaisseur convenable, il faut observer que dans tout dessin linéaire, plan au trait ou au lavis, le jour est censé venir de l'angle supérieur gauche de la feuille de papier, de sorte que lorsqu'on dessine une figure qui a du relief, toutes les lignes qui porteraient ombre doivent être plus épaisses que celles qui sont du côté du jour ; c'est l'inverse quand l'objet est en creux.

Ordinairement on trace la figure au crayon et on la passe à l'encre, lorsque les traits en sont fixés et qu'il n'y a plus de correction à faire.

On se sert d'encre de Chine, qui est en bâtons, et qu'on délaie dans l'eau au fur et à mesure des besoins.

Lavis.

17. On appelle Lavis la coloration des plans au moyen de teintes convenues, ou simplement la représentation des ombres avec des teintes plus ou moins foncées à l'encre de Chine, plus

rarement au bistre. Quelquefois, lorsqu'il s'agit de plans d'édifice, ces deux modes sont employés simultanément.

Le jour étant censé venir de l'angle supérieur gauche du papier, les ombres sont portées dans le sens opposé, et leur direction forme un angle de 45 degrés avec les côtés du carré du papier.

La théorie des ombres et celle de la perspective sont une branche des mathématiques qui donne les moyens de tracer les plans et de les ombrer avec une exactitude rigoureuse.

L'usage est de représenter les édifices d'après les règles de la géométrie descriptive, c'est-à-dire suivant ce qu'on appelle les projections horizontales et verticales, dans lesquelles les plans sont supposés tracés par les points où tomberaient des lignes perpendiculaires, menées de toutes les lignes d'un édifice à un plan vertical ou horizontal.

Les couleurs employées dans le lavis sont le carmin pour le rouge, l'indigo pour le bleu, la gomme gutte pour le jaune, le bistre et l'encre de Chine. L'usage est de colorier en rouge les parties des édifices à construire, en jaune celles à démolir, et à l'encre de Chine celles auxquelles on ne touche pas. Les objets en fer sont coloriés avec une légère teinte d'encre de Chine à laquelle on ajoute un peu d'indigo ; ceux en bois avec du bistre.

Dans les plans topographiques, les cours d'eau sont teintés en bleu, les constructions en rouge, les prairies en vert par un mélange d'indigo et de gomme-gutte, les terres labourables en bistre clair, les montagnes en bistre plus ou moins foncé suivant que leurs pentes sont plus ou moins abruptes ; les différentes espèces de cultures sont dessinées et coloriées suivant leur nature.

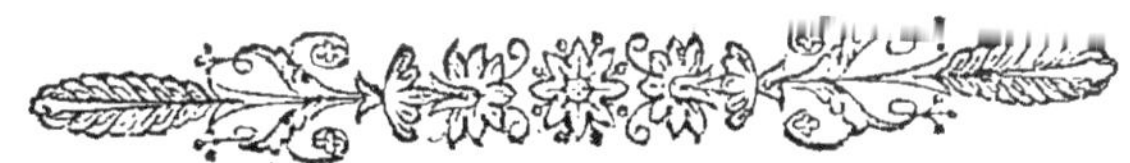

Peinture

De la Peinture en général.

18. On a défini la Peinture l'art de représenter, par des lignes et des couleurs, sur une surface plane, tous les objets visibles. La bonne peinture produit une telle illusion qu'on croit voir les objets eux-mêmes, avec leurs formes, leur relief, leur couleur et leur position relative.

Origine de la Peinture.

19. La Peinture, comme les autres arts, eut des commencements très grossiers et très imparfaits. On dessina d'abord les principaux traits d'une figure ; on y ajouta ensuite la couleur. On trouve des vestiges des anciennes peintures dans les monuments souterrains de l'Egypte et de l'Etrurie ; on a découvert sous les cendres du Vésuve les fresques qui ornaient certaines maisons de Pompéi ; mais, s'il fallait en juger par ces restes de l'art des anciens, il aurait été très inférieur à celui des modernes. Cependant les historiens grecs citent des merveilles des tableaux de Zeuxis et d'Apelles, qui malheureusement ne sont pas parvenus jusqu'à nous.

Renaissance de la Peinture.

20. L'art de la peinture périt en Europe quand les barbares envahirent l'empire d'Occident. Il se réfugia en Orient et y donna naissance à l'art Bysantin, qu'on retrouve encore dans les tableaux dont les églises grecques sont ornées. Enfin, vers l'an 1250, Cimabue fit revivre la peinture à Florence. Jusqu'à lui le peintre n'était guères qu'un ouvrier qui copiait et reproduisait certains types convenus, dont on s'écartait à peine. Les figures étaient raides, les physionomies

sans expression. Cimabue fit un tableau de la Vierge, où il s'était efforcé de donner à cette sainte image l'expression et la vie. Il y réussit si bien, que son ouvrage excita un enthousiasme universel, et son tableau fut porté en triomphe dans la ville.

Cimabue eut des imitateurs, dont Giotto est le plus célèbre. Cependant ils ne peignaient encore qu'à fresque et en détrempe, et ce ne fut qu'au commencement du quatorzième siècle que Jean de Bruges trouva le secret de peindre à l'huile. Bientôt l'Italie entière, la France, l'Allemagne, les Pays-Bas, l'Espagne produiront des peintres de génie. Chaque siècle eut les siens, et le nôtre a aussi ses peintres célèbres, mais les grands maîtres du seizième siècle n'ont pas encore été surpassés, ni quelques-uns même égalés.

Règles générales de la Peinture.

21. La Peinture a des règles, fruit de l'expérience et de l'observation des grands modèles, auxquelles un artiste doit se soumettre, s'il ne veut tomber dans des défauts choquants. Les principales de ces règles ont rapport au dessin, au modelé, à la perspective ordinaire, à la perspective aërienne, à l'effet, à la couleur, au clair-obscur, à l'harmonie. L'invention, la composi-

tion, et l'imitation ont aussi leurs règles ; mais dans un ouvrage élémentaire, comme celui-ci, nous ne pouvons qu'en indiquer brièvement quelques-unes.

Dessin.

22. Le Dessin est l'esquisse du tableau que le peintre médite. Quand il a posé ses personnages, qu'il leur a donné l'attitude, les gestes qui doivent exprimer l'action qu'il veut représenter, il lui reste à dessiner chaque acteur de cette scène. C'est alors qu'il a besoin d'être un vrai dessinateur, et de ne faire aucune faute contre les principes de la perspective et de l'anatomie. On n'est jamais peintre parfait, si l'on n'est pas parfait dessinateur.

Modelé.

23. Le dessin fixe le contour ; le modelé en complète l'expression. Il fait ressortir toutes les ondulations de la surface de l'objet que l'on peint, non pas comme le dessin, par des lignes arrêtées, mais par les ombres et les clairs, par les teintes plus ou moins foncées. Le modelé met en relief toutes les inflexions des muscles, même les plus légères. C'est le modelé qui achève de donner l'expression à la physionomie. C'est l'entente parfaite du modelé qui constitue le bon peintre.

Perspective.

24. Nous avons déjà parlé de la perspective, qui est une vraie science basée sur des règles mathématiques. Il faut que le peintre la possède, mais elle doit bien plutôt lui servir à éviter les défauts choquants, qu'à tracer mathématiquement les dispositions de son tableau. La Perspective ainsi entendue ne serait plus de l'art. Le peintre habile sait, d'un coup-d'œil, mettre chaque objet à sa place, et lui donner les dimensions voulues. Il peut vérifier après, par les procédés mathématiques, si tout est bien en perspective, mais il ne doit pas rechercher une exactitude minutieuse, sous peine de tomber dans la raideur et la sécheresse.

Perspective aërienne.

25. Il ne suffit pas, pour donner à une peinture l'apparence de la réalité, de dessiner correctement les objets et de les mettre en place avec toute l'exactitude qu'ils auraient dans la nature, il y a encore une condition indispensable pour que l'illusion soit complète. Quand on observe un paysage, on remarque que les objets éloignés sont moins nettement définis, que leurs couleurs sont plus ou moins effacées en proportion de leur éloignement: cela vient de ce qu'il y a, entre ces objets et l'observateur,

une couche d'air dont l'épaisseur augmente
avec la distance, et l'air, malgré sa transparence, intercepte une partie de la lumière que
ces objets nous renvoient, et les rend par là
moins distincts et comme enveloppés d'une
vapeur. L'art de reproduire dans un tableau
cet effet de l'interposition de l'atmosphère
dérive de l'observation des lois de la *Perspective
aërienne*, lesquelles ont pour fondement la dégradation des tons en proportion de la distance.

On appelle *Plans*, dans un tableau, les différentes positions des objets qui y sont représen-
tées ; le *premier plan* est celui qui est le plus
près du spectateur ; là les objets sont peints
avec des couleurs et des ombres vigoureuses ;
au second plan, cette vigueur doit déjà diminuer, et ainsi de suite jusqu'aux derniers plans.
L'*arrière-plan* est celui qui termine le tableau.

L'observation parfaite de la perspective
aërienne donne à une surface unie, telle qu'est
un tableau, l'apparence d'une profondeur presque indéfinie, de même que le modelé fidèle
donne aux personnages peints sur une toile le
relief d'un être réel.

Effet.

26. L'effet d'un tableau résulte de l'observation des règles du dessin, du modelé, de la
perspective ordinaire et aërienne, et de la

bonne distribution de la lumière et de l'ombre. L'effet dépend donc de l'ensemble de toutes ces choses, mais il n'est guère possible d'en établir les règles ; car il découle plus de l'inspiration de l'artiste que des procédés de l'école, plus de l'impression qu'il reçoit de la nature que de la connaissance des lois de son art. L'arrangement des parties d'un tableau, l'accumulation de la lumière ou de l'ombre sur tel ou tel point, le contraste des couleurs ou leur harmonie, peuvent bien être soumis à certaines règles, mais leur bonne application à chaque cas en particulier tient au sentiment intérieur du peintre, à son coup-d'œil, et à des dispositions innées.

Couleur.

27. La science du coloris est celle qui concourt le plus à l'illusion dans une peinture. Le peintre qui la possède à un haut degré ne se borne pas à conserver à chaque corps sa couleur locale ; il connaît les propriétés de chaque couleur en particulier, les différents effets de leur association et leur action sur l'imagination.

Les couleurs employées dans la peinture se composent d'une assez grande variété de matières colorantes tirées du règne végétal et du règne minéral, et, quoiqu'elles diffèrent entr'elles par des nuances, elles peuvent se réduire à trois couleurs élémentaires, le jaune, le rouge, et le bleu ; auxquelles il faut ajouter le blanc et le noir. La combinaison des trois couleurs élémentaires deux à deux produit l'orangé, le vert, et le violet ; car l'orangé est du jaune mélangé au rouge, le vert est du jaune mélangé au bleu, et le violet est du bleu mélangé au rouge.

Tant que les couleurs ne sont mélangées que deux à deux leur produit est brillant ; si une troisième couleur est introduite, le mélange est aussitôt terni.

Clair-Obscur.

28. Chaque couleur se modifie en se mélangeant avec une autre, mais selon la proportion où chacune entre dans le mélange, la teinte obtenue peut être plus claire ou plus sombre. Cette modification de clarté ou d'intensité s'appelle dégradation de ton ou *Clair-obscur*.

Le Clair-obscur est l'art de distribuer avantageusement la lumière et l'ombre pour arriver à l'effet voulu. C'est par le moyen du clair-obscur que le peintre donne du relief aux objets et qu'il les rend plus vrais et plus sensibles.

L'intelligence du clair-obscur est essentielle à un peintre pour mettre chaque objet dans le jour qui lui est le plus favorable, pour lier par le moyen des ombres et des clairs toutes les parties d'un tableau, et pour lui donner l'harmonie qui en fait le charme.

Le clair-obscur est donc l'art de conserver à chaque corps la valeur qu'il doit avoir dans la place où il est, tant sous le rapport de la couleur, que des modifications que la qualité et la quantité de lumière lui font subir, et aussi sous le rapport de l'épaisseur de la masse d'air atmosphérique qui le sépare de l'œil de l'observateur.

Harmonie.

29. L'Harmonie, dans une peinture, désigne l'union et l'accord parfait qui se trouve entre tous les tons de couleur d'un tableau.

On appelle aussi Harmonie le rapport qui existe entre les figures, les groupes, et les autres parties de la composition.

Procédés de la Peinture.

30. Suivant les matières employées à produire la couleur, on distingue diverses sortes de peinture, dont les principales sont la Peinture à l'Huile, à la Fresque, à l'Encaustique, en Détrempe, au Pastel, en Miniature, à l'Aquarelle, en Mosaïque, en Émail, etc.

Peinture à l'Huile.

31. Dans cette peinture, les couleurs sont toutes détrempées et mêlées dans l'huile de

noix, qui est siccative, et moins grasse que l'huile de lin.

La peinture à l'huile était inconnue des anciens. Cette invention admirable, qui ne date que du 14me siècle, est due à Jean Van-Eick, plus connu sous le nom de Jean de Bruges. Son secret lui fut surpris par Jean Bellin, et ne tarda pas à être connu par tous les autres peintres. La peinture à l'huile a de grands avantages sur toutes les autres pour la délicatesse de l'exécution, pour l'union et le mélange des teintes, pour la vivacité et la force de la couleur. Elle conserve son effet d'assez près, comme de loin. Elle donne le temps de retoucher, d'adoucir et de finir, sans altérer ce qui n'a pas besoin de retouche. Son défaut est de brunir avec le temps, et, comme on dit, de pousser au noir ; mais les peintres habiles ont étudié les moyens de prévenir ces inconvénients, et on voit des tableaux des anciens maîtres dont les couleurs sont encore aussi fraîches que si elles sortaient de leur pinceau. Un autre inconvénient de la peinture à l'huile, qui est dû principalement au vernis dont on la recouvre, est de miroiter, et de ne produire son effet que sous un certain jour venant obliquement.

La peinture à l'huile fut d'abord employée sur des planches de bois, ou sur des lames de cuivre pour les tableaux de petites dimensions, et plus tard sur de la toile, et quelquefois sur du gros taffetas. Aujourd'hui on ne peint plus à l'huile que sur toile, sur laquelle on commence à passer une couche unie de couleur à l'huile, blanche ou brune, pour que le tissu s'imbibe de cette couche, et n'absorbe pas la peinture. On dit qu'un tableau est *embu*, quand l'huile s'étant infiltrée dans la toile, la couleur reste à sec.

On dit d'un tableau qu'il est *empâté*, quand les couleurs sont mises en couches épaisses, sans être fondues. On empâte quelquefois les parties claires pour les faire ressortir davantage.

Certains peintres, pour donner plus de relief aux figures, les ont gaufrées, c'est-à-dire les ont fait ressortir en bosse légère, en les repoussant par derrière.

Peinture à la Fresque.

52. La peinture à la fresque était connue des anciens, et les tableaux qu'on trouve dans les ruines romaines ont été faits par ce procédé, dont le nom vient du mot italien *fresco*, qui veut dire frais, parce qu'on peint sur une muraille fraîchement enduite de mortier fait avec de la chaux et du sable. Les couleurs de la fresque sont détrempées avec de l'eau, et on ne peut y employer que celles qui ont passé par le feu.

Cette peinture a une longue durée, mais comme on ne peut pas s'y servir de toutes les couleurs, si ce n'est de celles que la chaux n'altère pas, elle a moins de ressources que la peinture à l'huile pour l'imitation de la nature. Ses clairs sont plus brillants que ceux de la peinture à l'huile, mais ses teintes sombres sont moins vigoureuses, et ses touches moins suaves. Sa durée fait qu'on l'emploie dans les lieux exposés aux injures de l'air. La rapidité qu'elle exige dans l'exécution, et l'impossibilité de retoucher, présentent des difficultés qu'une main légère et habile, et une conception vive et prompte peuvent seules résoudre.

Avant de peindre à fresque, trois genres de préparatifs sont nécessaires, l'*Esquisse*, les *Cartons*, et l'*Enduit* du mur. L'Esquisse est le dessin arrêté dans ses lignes principales ; les Cartons reproduisent les parties de l'esquisse dessinées sur du carton ou du papier fort à la grandeur qu'elles doivent avoir dans le tableau. L'esquisse et les cartons étant prêts, on procède à l'enduit du mur. On met deux couches d'enduit; la première qui est appliquée immédiatement sur la pierre, doit être faite avec un mortier de chaux et de gros sable de rivière. Il faut qu'il soit bien nivelé, mais raboteux, pour retenir la seconde couche qui doit recevoir les couleurs. Cette seconde couche de mortier est faite avec de la chaux vieille éteinte et du sable fin. Ce second enduit doit être préparé par un maçon au fur et à mesure que le travail de la peinture avance, de manière à n'en poser que la surface qui peut être peinte dans le courant de la journée, parce qu'il faut toujours que le mortier sur lequel on peint soit frais. Pour que la fresque ait de la durée, il est indispensable que le mur soit construit avec de bons matériaux, et que le peintre n'épargne pas la couleur. Tous les temps sont bons pour peindre à fresque, excepté quand il gèle.

Peinture à l'Encaustique.

53. Cette peinture n'est guères employée que sur les murs où l'on craint les effets de l'humidité ou du salpêtre. Les procédés varient ; en général on mêle les couleurs avec de la cire, et on les emploie chaudes.

Peinture en Détrempe.

54. Dans cette peinture, les couleurs sont détrempées dans l'eau à laquelle on ajoute de la colle. On l'emploie pour les décorations de théâtre, et pour les travaux qui exigent une grande rapidité d'exécution. Sa durée est longue, quand elle est à couvert et dans un lieu sec. Ses clairs sont aussi beaux que ceux de la

fresque, et ses teintes sombres plus vigoureuses. Les couleurs ne s'altèrent pas, comme dans la peinture à l'huile, et elles font leur effet à quelque jour qu'elles soient placées.

Pastel.

55. La peinture au Pastel se fait au moyen de crayons composés de couleurs réduites en pâte et séchées. On peint sur un papier grenu de couleur brune ou grisâtre. Les couleurs claires y sont très agréables, les foncées manquent un peu de force. On fond ensemble les couleurs en les unissant avec le doigt. Ce n'est guères que pour les portraits qu'on emploie la peinture au pastel, et pour leur donner plus de durée on les met sous verre. La glace leur sert de vernis, et adoucit les teintes.

Miniature.

56. Pour peindre en miniature, on emploie des couleurs délayées dans l'eau avec de la gomme arabique. On se sert de pinceaux en poil de blaireau. Pour terminer et fondre les teintes, on pointille avec la pointe du pinceau. C'est un travail minutieux qui ne saurait être appliqué qu'à des ouvrages de petites dimensions, comme de petits portraits, de petits paysages, des fleurs, etc. On peut peindre en miniature sur un papier blanc, fin et très collé ;

mais on se sert surtout du vélin, et de l'ivoire. Il faut que la matière sur laquelle on peint soit bien blanche, parce qu'elle doit servir à faire les clairs. On ne peut guère retoucher les miniatures, et quand on est forcé de le faire, il faut attendre que la peinture soit bien sèche.

La peinture en miniature a été pratiquée au moyen-âge, pour orner les manuscrits, avant la renaissance de l'art de peindre. Les grandes bibliothèques conservent des spécimens précieux du fini auquel ce mode de peinture était porté. Si les figures manquent de souplesse et d'animation, les détails des costumes et des meubles, et les ornements et arabesques qui les accompagnent montrent un goût qui n'a pas été surpassé en ce genre.

Aquarelle.

57. La peinture à l'Aquarelle est une espèce de miniature ; elle emploie les mêmes couleurs gommées et les mêmes pinceaux ; mais elle ne se sert guères du pointillé. Elle emploie les teintes plates, qu'elle renforce par des teintes plus foncées. Le blanc du papier fournit les clairs. En général, l'aquarelle sert à peindre des paysages ou des figures de petites dimensions, des fleurs, etc.

Mosaïque.

58. Les Anciens ont laissé beaucoup de mosaïques qui témoignent de la perfection de cette peinture à une époque reculée. Elle est pratiquée au moyen de petites pierres de couleur rapportées. La grande durée des mosaïques a fait adopter ce genre pour orner des édifices publics. On a d'abord le tableau peint en grand ou en petit qu'on veut reproduire. On fait des dessins en grand de chaque partie de l'ouvrage sur des cartons. On a dans des boîtes des petites pierres de toute sorte de couleurs et de toutes formes rangées par nuances. Ces petites pierres doivent avoir une surface plate et unie, mais non pas polie, car elles ne doivent pas réfléchir la lumière. A l'aide des cartons, qui sont piqués, et servent à poncer les contours du dessin, on pose les petites pierres en les enfonçant dans du mortier frais, placé sur le mur, à mesure que le travail avance. Ainsi que pour la fresque, le mur a été préalablement enduit d'une première couche de mortier.

Émail.

59. La peinture en émail était connue des anciens; on l'a pratiquée aussi au moyen-âge, mais c'est à la Renaissance, au commencement du seizième siècle qu'elle a été le plus en hon-

neur. On appelle émaux des verres colorés, qui ont peu ou point de transparence. Le fond sur lequel on peint est blanc pour l'ordinaire, et l'on y peint avec la pointe du pinceau comme en miniature. Le trait se fait avec du sulfate de fer ou de l'oxide de fer. Les couleurs ont été déjà calcinées au feu et détrempées avec de l'huile d'aspic. On réserve le blanc du fond pour les clairs. Quand l'ouvrage est fini, on le met recuire dans un petit fourneau de terre de creuset qu'on environne d'un bon feu de charbon. Le peintre peut retoucher son ouvrage et le remettre au feu.

Peinture sur Verre.

40. La peinture sur verre qui a produit des merveilles au moyen âge, où toutes les églises étaient ornées de vitraux peints ou verrières, a été négligée pendant plusieurs siècles. Ce n'est que de nos jours qu'elle a été remise en honneur. Les couleurs qu'on y emploie sont transparentes, elles sont appliquées sur le verre blanc, et elles ne font leur effet que quand le verre est exposé au jour. Ces couleurs doivent se fondre sur le verre qu'on met au feu quand il est peint. Le peintre doit connaître l'effet que ces couleurs feront quand elles seront fondues, car il y en a que le feu fait changer considérablement. On fabrique aussi des verres de dif-

férentes couleurs, dont on se sert pour les draperies des figures et pour les ornements. On les taille suivant les contours du tableau et on les joint les uns aux autres avec du plomb.

Ustensiles de la Peinture.

44. Les ustensiles nécessaires aux peintres sont l'Appuie-Main, le Chevalet, la Palette, les Brosses, les Pinceaux, le Mannequin, etc.

L'Appuie-Main est une baguette dont l'extrémité supérieure est revêtue d'un tampon de linge, sur lequel la main qui tient le pinceau s'appuie.

Le Chevalet est composé de deux montants qui se joignent en formant angle à l'extrémité supérieure, et d'un troisième montant mobile qui part de cet angle et soutient les deux autres, et sert aussi, en s'écartant plus ou moins, à donner au chevalet l'inclinaison voulue. Le chevalet est ainsi supporté sur trois pieds. Le tableau est soutenu sur deux chevilles qu'on fixe, à la hauteur qu'on veut, dans une série de trous pratiqués dans les deux premiers montants.

La Palette est une planche de bois de pommier ou de noyer, ordinairement de forme ovale, avec un trou arrondi sur le bord, assez grand pour laisser passer le pouce de la main gauche, et un peu de la main. La palette sert à supporter les couleurs broyées à l'huile qu'on arrange par petits tas vers le bord opposé à celui où est le doigt ; le milieu et le bas de la palette servent à faire les teintes et les mélanges de couleur. Ce mélange se fait avec un couteau dont la lame est très mince.

Les Brosses sont des espèces de pinceaux faits d'un poil ferme, arrondis et coupés horizontalement.

Les Pinceaux sont d'un poil délié, quelques-uns taillés en pointe et les autres aplatis. Il y a aussi des brosses plates.

Le Mannequin est une figure de bois, d'osier, de carton ou de cire, dont les membres sont mobiles et prennent tous les mouvements que le peintre veut leur donner, soit pour disposer des draperies, soit pour représenter quelque attitude.

Divers Genres de Peinture.

42. On distingue divers genres de peinture suivant la nature des sujets que l'on peint.

La peinture d'*Histoire* représente les grandes scènes de la Bible, les événements célèbres, les actions des grands personnages et des saints ; etc. Les tableaux qui ornent les églises et les palais sont des tableaux d'histoire ; ils ont toujours de grandes dimensions.

La peinture de *Paysage* reproduit les belles scènes de la nature, les vues pittoresques, les effets du lever et du coucher du soleil, les clairs de lune, les forêts, etc. On peint des paysages dans toutes les dimensions, depuis la plus petite jusqu'à la plus grande.

Il en est de même des peintures de *Bataille* ; mais les tableaux de batailles sont appelés tableaux d'histoire, quand ils prennent de grandes dimensions.

On appelle peinture de *Genre* celle qui représente, dans des tableaux de grandeur moyenne ou petite, les actions des personnages appartenant plutôt aux classes moyennes ou populaires, qu'aux grands.

Tout le monde connaît la peinture de *Portraits*.

On appelle *Nature morte*, la représentation des fruits, des fleurs, des animaux morts, et encore les paysages où l'on ne voit pas d'êtres vivants.

Écoles de Peinture.

43. Cette expresssion d'*École* s'emploie pour désigner d'une manière générale les peintres qui, habitant le même pays, se sont distingués par des ouvrages où l'on remarque certains caractères de ressemblance dans le dessin, la

couleur, les sujets, l'expression, etc. Ces maîtres ont fait des élèves qui ont imité leurs
qualités et aussi leurs défauts. Ainsi on dit l'É-
cole Italienne, l'École Française, l'École Espagnole, l'École Allemande, l'École Flamande,
l'École Hollandaise, l'École Anglaise, l'École
Byzantine.

L'École Italienne se subdivise en École Romaine, École Florentine, École Lombarde, École
Vénitienne.

École Romaine.

44. Raphaël, qui est le plus grand des
peintres, est le chef de l'école romaine. Le goût
des grands sujets, une exécution poëtique, une
heureuse imitation de l'Antiquité, caractérisent
cette école, dont la touche est facile, savante,
correcte et gracieuse. Elle a mis beaucoup de
vérité dans les airs de tête, de finesse dans
l'expression, et d'intelligence dans le contraste
des attitudes. Le coloris est sa partie faible. On
lui reproche aussi quelque bizarrerie dans la
composition.

École Florentine.

45. Une imagination vive, noble et féconde,
un pinceau hardi, correct et gracieux, un style
élevé, distinguent cette école, dont Michel Ange
et Léonard de Vinci sont considérés comme les
fondateurs.

École Lombarde.

46. L'école lombarde reconnaît pour chef le Corrège. Le goût de l'Antique, une grande pureté de dessin, des contours moëlleux, une riche ordonnance, une belle expression, des couleurs fondues, et un naturel parfait se montrent dans les ouvrages de cette école.

École Vénitienne.

47. L'école vénitienne brille par le coloris, une grande intelligence du clair-obscur, des touches gracieuses et spirituelles, une imitation simple et fidèle de la nature. On lui reproche la négligence dans le dessin, et le manque d'idéal et d'élévation dans le style. Ses chefs sont le Giorgione et le Titien.

École Française.

48. La France a produit bien des peintres célèbres dans tous les genres de peinture, chacun ayant ses qualités particulières, et ayant formé des élèves qui les ont imités. Claude Lorrain, Le Poussin, Le Brun, Le Sueur, Mignard, Boucher, David, les Vernet, Gros, Delacroix, Ingres, sont à citer entre une foule d'autres peintres de talent.

École Espagnole.

49. Le style de l'école espagnole est sombre

et sévère, ses touches sont vigoureuses et hardies, Murillo et Velasquez sont au premier rang
de ses maîtres.

École Allemande.

50. Cette école a cherché une imitation fidèle
de la nature plutôt que l'idéal dans l'art, à finir
ses sujets plutôt qu'à les bien disposer. Son défaut général, à l'exception de quelques maîtres,
est la sécheresse du dessin, le peu de noblesse
de l'expression et la raideur des draperies.
Albert Durer, Mengs, Holbein sont la gloire de
de l'école allemande. De nos jours, Owerbeck,
Cornélius lui ont donné un grand éclat.

École Flamande.

51. L'école flamande a quelques-uns des
défauts de l'école allemande, mais ils sont ra-
chetés par une grande entente du clair-obscur,
un fini sans sécheresse, un pinceau moëlleux et
une parfaite harmonie dans la couleur. Rubens
et Van-Dick ont élevé cette école à la hauteur des
plus glorieuses.

École Hollandaise.

52. L'école hollandaise aime à peindre les
scènes populaires, les intérieurs ; elle se préoc-
cupe plus de l'imitation de la nature réelle,
des contrastes de la lumière et de l'ombre,

que de l'idéal et de la couleur. Ses maîtres sont
Rembrandt, Gerard Dow, Berghem, etc.

École Anglaise.

53. Les Anglais, à cause de leur caractère froid
et positif, ont moins brillé dans les Beaux-Arts
que les autres peuples civilisés ; il n'y a donc
pas proprement d'école anglaise; mais l'Angleterre a eu de bons peintres tels que Hogarth,
Lawrence, etc.

École Byzantine.

54. On désigne sous le nom de Byzantines,
les peintures que l'on trouve dans tout l'Orient
chrétien, et qui ne sortent pas d'un type remarquable par sa raideur et son inflexibilité.
A la chûte de l'empire d'Occident, l'empire
d'Orient sauva en partie les arts et les lettres,
mais en les resserrant dans un cercle dont
aucun progrès ne les fit sortir. L'art byzantin
se retrouve dans toutes les églises schismati-
ques. En général les tableaux sont sur fond
doré.

Sculpture.

55. La Sculpture est l'art de tailler ou de
mouler certain matériaux pour en faire diverses représentations, et surtout celle du corps
humain, en un mot pour imiter les objets pal-
pables de la nature.

La sculpture a été connue dès la plus haute antiquité. Les Egyptiens l'ont pratiquée à une époque très reculée, et les Grecs, qui y ont excellé plusieurs siècles avant l'ère chrétienne, n'ont pas été encore surpassés.

Matériaux de la Sculpture.

56. La ductilité de la cire et de l'argile dûrent en faire les premières matières que les hommes employèrent pour représenter les objets qui tombaient sous leurs sens, et probablement ceux qu'ils adoraient. On emploie encore l'argile pour modeler les sujets que l'on veut exécuter sur des matériaux plus résistants et plus durables.

On sculpte sur le bois, sur la pierre, sur le marbre, sur l'ivoire. Sur des modèles en argile on coule les sculptures en plâtre, en fer, en bronze, ou en métaux plus précieux.

Les bois employés à la sculpture sont le citronnier, le cyprès, le palmier, l'olivier, l'ébène, le buis, etc. On recherche surtout les bois qui ne sont pas sujets à être attaqués par les vers.

Divers genres de Sculpture.

57. Les divers genres de sculpture sont la *Ronde-Bosse*, la *Demi-Bosse*, le *Bas-Relief*, *L'Ornement*, les *Camées*, etc.

58. La Ronde-Bosse représente un objet dans toutes ses parties, et sous toutes ses faces.

La Demi-Bosse détache l'objet seulement à demi du fond sur lequel il est taillé.

Le Bas-Relief a beaucoup moins de saillie que la Demi-Bosse, et ne se détache guères du fond· Quelquefois il y a des parties plus saillantes dans un bas-relief, ce sont alors des Demi-Bosses. On peut distinguer trois sortes de bas-reliefs, ceux dont les figures du premier plan paraissent se détacher tout-à-fait du fond, et n'y tiennent que par les portions que le spectateur ne voit pas ; ceux où les figures ont un relief beau-coup moindre, et ceux où elles n'ont que tout juste la saillie nécessaire pour être visibles.

59. La sculpture de l'Ornement a pour objet d'embellir les lignes de l'architecture, qui se-raient nues et froides, en y pratiquant diverses figures, qu'on appelle en général Ornements ou Moulures. Parmi ces ornements, les uns sont sujets, quant à leur forme, à des proportions fixes et les autres sont laissés à l'imagination de l'artiste.

60. Les Camées sont des pierres dures sus-ceptibles de recevoir un beau poli, dans lesquel-les on sculpte des figures ou des ornements soit en creux soit en relief. L'agathe, la cornaline, l'onyx, et d'autres pierres plus précieuses encore servent à faire des Camées.

Procédés et Outils de la Sculpture.

61. Le sculpteur prépare son modèle, d'après lequel il exécutera son ouvrage, avec de l'argile, qu'on appelle terre à modeler. On choisit celle qui a la pâte la plus fine et la plus douce, et on la pétrit dans l'eau pour la dégager de toutes les matières étrangères qu'elle peut contenir. Quand elle est bien préparée, on la maintient dans un certain degré d'humidité.

Les outils pour modeler en terre ou en cire sont la plupart en bois : ce sont des ébauchoirs en buis de différentes largeurs, les uns aplatis, les autres dentelés pour dégrossir et préparer. On nomme *ripes* des lames de fer dont le tranchant entaillé enlève la terre en y traçant de petits sillons, qui la disposent à recevoir un travail plus fini. Ce dernier travail se fait avec le pouce du sculpteur, et avec des échoppes de buis ou d'ivoire pour pénétrer dans les parties où le pouce ne peut pas atteindre.

Les instruments du sculpteur en marbre et en pierre sont la *pointe*, les *ciseaux*, l'*ognette* ou *bec-d'âne*, la *gradine*, le *trépan*, le *violon*, le *maillet*, la *râpe*, etc. Pour donner le dernier fini, on se sert de grès fin humecté d'eau.

Le sculpteur fait ordinairement sa statue en plâtre, et il la fait *mettre aux points* par un praticien. Le metteur aux points exécute sur le marbre, par certains procédés, tout ce que le maître a fait sur le plâtre, et quand la statue est suffisamment dégrossie, le maître la finit.

Il y a un genre de sculpture qu'on appelle au *repoussé*. Elle ne s'exécute que sur un métal ductile, dont on repousse en dehors avec un marteau les parties dont le relief doit rendre le sujet.

Sculpteurs célèbres.

62. L'Antiquité grecque a produit une foule de grands sculpteurs, mais peu de noms ont survécu; tout le monde connaît ceux de Phidias et de Praxitèle. Dans les temps modernes, Michel-Ange a été grand sculpteur en même temps que grand peintre, et, pour ne citer que quelques noms après celui-ci, Jean Goujon, Le Bernin, Le Puget, Falconnet, Canova, Thorwaldsen, etc, ont laissé de magnifiques ouvrages.

Gravure.

63. La gravure ne serait qu'une branche de la sculpture, si elle se bornait à inciser le bois, les métaux, la pierre, afin que les images qu'elle représente y demeurent tracées et figurées; mais elle touche de plus près au dessin, qu'elle a pour but de reproduire des milliers de fois par le moyen de l'impression.

Divers genres de Gravure.

64. Les divers genres de gravure sont la gravure en *Taille douce*, la gravure sur *Bois*, la gravure sur *Pierre*, la *Lithographie*, la *Nielle*.

Gravure en Taille douce.

65. On grave sur des planches de cuivre rouge bien planes et bien polies, soit avec un instrument qui enlève le cuivre pour y tracer des lignes en creux, soit avec l'eau-forte qui attaque le métal en l'oxydant et le creuse. De là deux genres de taille douce, celle au burin, et celle à l'eau-forte. Tantôt l'on n'emploie que l'un de ces deux procédés, tantôt on les emploie tous deux simultanément, l'eau-forte pour ébaucher, le burin pour finir.

Les graveurs sur cuivre ont des burins de diverses sortes, des pointes pour tracer le dessin, des échoppes pour les gros traits, un brunissoir pour polir, etc.

Les planches gravées sur cuivre s'impriment avec une presse particulière, munie de deux cylindres de bois, entre lesquels on fait passer la planche comme dans un laminoir, après en avoir rempli les creux d'encre au moyen d'un tampon, et l'avoir bien essuyée. La planche doit être chauffée, pour que l'encre, qui est composée d'huile et de noir de fumée, soit bien liquide et pénètre dans les plus petits traits.

Gravure sur Bois.

66. Les gravures sur bois s'impriment avec la même presse que les caractères d'imprimerie, et le plus souvent avec ceux-ci. Il faut donc que les traits du dessin restent en relief : c'est le contraire de la gravure en taille-douce. On isole ces traits avec la pointe, le burin, les échoppes, et ensuite on enlève avec des gouges, et des butte-avants, toute la partie du bois, qui doit rester blanche à l'impression. On grave sur le buis, ou sur le poirier.

Lithographie. — Gravure sur Pierre.

67. La lithographie est un art d'invention récente ; les premiers essais datent du commencement du 19me siècle, mais ses progrès ont été rapides. Lorsque la lithographie n'emploie que le crayon ou la plume, elle ne diffère du dessin que par la composition chimique de ses instruments, qui sont combinés de telle sorte que leurs traits peuvent être reproduits par l'impression à un grand nombre d'exemplaires. Mais la lithographie devient de la gravure quand les traits sont creusés dans la pierre, et que le dessin ou l'écriture se reproduisent au moyen de l'encre qui pénètre dans les creux. L'instrument qui sert à graver sur pierre est un diamant taillé exprès et emmanché.

La pierre lithographique doit avoir un grain

qui ne soit ni trop fin ni trop grossier ; la meilleure vient de la Bavière.

L'encre et le crayon lithographiques sont composés avec une substance grasse ; le dessin et l'écriture sont fixés sur la pierre par un acide, et retiennent l'encre qu'on y passe avec un rouleau. La presse lithographique, par la pression combinée au frottement, sert à reproduire sur le papier le dessin que porte la pierre.

Nielle.

68. La Nielle est une gravure en creux sur argent ou sur vermeil. Les creux sont remplis d'un émail noir. On fait aussi des nielles sur ivoire. Celles-ci se font par un procédé à peu près semblable à la gravure à l'eau-forte. On couvre la plaque d'ivoire d'une couche de vernis, sur laquelle on fait le dessin avec une pointe qui met l'ivoire à découvert. On verse sur l'ivoire ainsi dessiné de l'acide sulfurique concentré, ou de l'acide hydro-chlorique. On passe ensuite dans les traits avec un pinceau une dissolution d'argent ou d'or ; la première les colore en noir, et la seconde en rouge-brun.

Les Italiens ont excellé dans les nielles, qui, au quinzième siècle, donnèrent naissance à la gravure en taille-douce ; car les premières estampes étaient des nielles reproduites sur du papier.

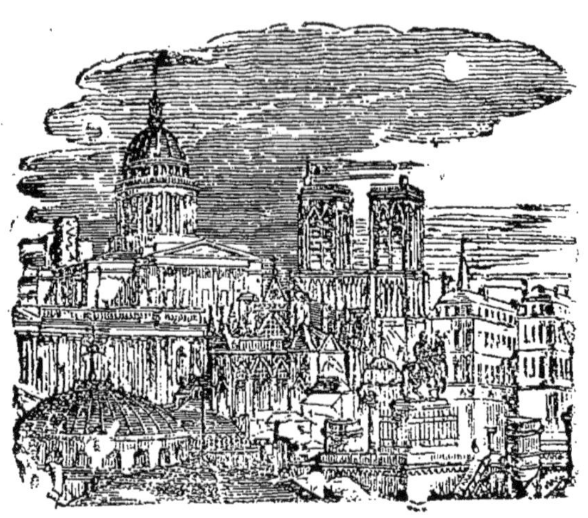

Architecture

69. L'Architecture est l'art de construire les édifices avec solidité, ordre, symétrie, de les disposer convenablement pour l'usage auxquels ils sont destinés, et de les orner avec goût, conformément à certaines règles qui se sont établies, chez différents peuples et à diverses époques, par l'examen et l'imitation des ouvrages des grands artistes.

Origine de l'Architecture.

70. La nécessité de se mettre à l'abri des intempéries de l'air fit construire les premières demeures des hommes. Le bois dut en fournir les premiers matériaux, et il est permis de

penser que les colonnes sont une imitation des troncs d'arbres qui les soutenaient, de même que l'architrave rappelle les poutres que ces troncs d'arbre supportaient, et la corniche la saillie des solives qui formaient la toiture. En effet le fût de la colonne est plus gros dans le bas que dans le haut, de même que le tronc d'arbre va en diminuant, et la division de ses branches a pu donner l'idée du chapiteau.

Matériaux de l'Architecture.

71. Ces matériaux sont le bois, la brique, a pierre, le marbre, etc. pour les parties principales ; le fer, la tôle, le bronze, le plomb, le zinc, etc. pour les parties accessoires.

Dans ces derniers temps, on a commencé à employer le fer et la fonte pour faire le corps des édifices, la toiture, etc.

Styles d'Architecture.

72. Les styles d'architecture on varié suivant les peuples et suivant les époques ; on peut citer le style égyptien, grec, romain, arabe, byzantin, roman, gothique ou ogival, le style de la renaissance. A chacun de ces styles appartiennent les édifices construits à une certaine époque, et dans certains pays. Les monuments assyriens, ceux de l'Inde, de la Perse, ont aussi leur style.

Style Egyptien.

73. Les Pyramides d'Egypte sont probablement les monuments les plus anciens de l'architecture égyptienne et du monde. Elles ont par dessus tout ce caractère de force et de solidité qui fait la grandeur des constructions de cet ancien peuple. Il aimait cette forme aiguë qu'il reproduisait dans les obélisques. Les portes des édifices sont plus étroites par le haut que par le bas. Les colonnes et les pilastres sont massifs et supportent d'énormes pierres qui forment plafond, au lieu de voûte. Les chapiteaux sont variés, mais d'un style sévère, ainsi que les ornements des murs, dont les parties unies sont en général chargées d'hiéroglyphes. Les monuments les plus anciens n'en portent pas. Ces hiéroglyphes composent des inscriptions qu'on a commencé à déchiffrer, il y a moins d'un demi siècle, grâce aux travaux de Champollion.

Style Grec.

74. Ce sont les Grecs qui ont formé les plus beaux modèles de l'architecture. Leur goût si délicat brille dans les temples de la Grèce comme dans ses statues, et le Parthénon, temple de Minerve, qui domine encore Athènes, témoigne de la perfection et du talent de ses architectes.

Les Grecs ayant peu fait usage de la voûte,

faisaient des plafonds en grandes pierres, supportées par des colonnes ; mais ces colonnes étaientbien plus légères que celles des Egyptiens. L'élégance de leurs chapiteaux est remarquable, et leurs proportions sont si gracieuses qu'elles ont été imitées dans tous les pays, et qu'elles servent encore de modèles. Ce sont les Grecs qui ont inventé les ordres dorique, ionique et corinthien, dont nous parlerons plus loin.

Dans le style grec, l'absence de voûte a fait multiplier les colonnes, qui sont très rapprochées pour soutenir les pierres des plafonds.

Des bas-reliefs d'une grande délicatesse ornent souvent les frises qui règnent le long des édifices. Les temples grecs sont extérieurement entourés de colonnes, quelquefois sur les quatre faces.

Style Romain.

75. Les Romains employèrent dans leurs constructions les colonnes grecques, mais ils y ajoutèrent l'arc et la voûte à plein cintre, c'est-à-dire en demi cercle. Les monuments romains ont un caractère de grandeur et de solidité qui les fait aisément reconnaître. Le Pont du Gard, les Arènes de Nîmes, l'Arc de Triomphe d'Orange, la Maison carrée à Nîmes, sont des édifices qui peuvent donner une idée du style de l'architecture romaine, sans sortir

de la France. Rome est remplie de ruines gigantesques qui dans tous les temps ont excité l'admiration générale.

Style Arabe.

76. C'est chez les Arabes qu'on trouve la voûte à arc brisé, dite ogive ; elle se combine avec la courbe demi-circulaire, et produit cet arc en forme de cœur qu'on remarque dans les dessins des monuments de l'Orient. La loi de Mahomet interdisant toute représentation de la figure humaine, l'ornementation se compose d'enroulements, de courbes gracieuses et contournées, connues sous le nom d'*arabesques*, que l'on s'est plu à imiter dans les monuments et les dessins de nos pays. Les Arabes et leurs successeurs ont orné leurs monuments de versets du Koran peints sur terre cuite vernissée de blanc.

Style Byzantin.

77. C'est la coupole ou voûte surhaussée ou arrondie en forme de globe qui est le signe le plus remarquable de l'architecture Byzantine. Cette coupole repose sur quatre arcs formant un carré, et quatre pendentifs raccordent cette forme carrée avec la forme circulaire de la rotonde. De là une grande uniformité dans la construction de toutes les églises byzantines.

Sainte-Sophie, qui était autrefois l'église patriar-
cale de Constantinople et qui est aujourd'hui
une mosquée, est le modèle que les chrétiens
Orientaux se sont plu à imiter. Les Russes ont
prodigué la coupole dans leurs édifices religieux, surtout celle avec renflement dans le
bas.

Style Roman.

78. Pendant la période des invasions des
barbares, il se construisit peu d'édifices ; les
temps étaient trop troublés pour faire des
travaux coûteux et de longue haleine ; mais
quand les jours furent devenus plus calmes, la
piété des princes et des peuples les porta à bâtir
des édifices plus dignes de la majesté du culte
divin. C'est du 11me au 13me siècle, que furent
construites les églises romanes dont un grand
nombre subsistent encore. Les monuments romains qui restaient debout furent imités, mais
d'une manière imparfaite, et sans observer leurs
belles proportions. Les colonnes furent plus
courtes et les chapiteaux plus massifs ; l'ornementation fut moins élégante, et quelquefois
bizarre. L'arc à plein cintre fut conservé, mais
l'ensemble de l'architecture eut un caractère
massif. La brique s'entremêla souvent avec la
pierre. Les fenêtres furent fréquemment parta-
gées en deux par des colonnettes. Des colonnes

accouplées soutenaient les arceaux des cloîtres. Cependant malgré cette imitation incomplète du style romain, le roman ne laisse pas de plaire par son caractère général simple et sévère qui répond à la gravité du culte religieux ; car à cette époque on bâtit beaucoup d'églises. Les palais étaient des forteresses. Plus loin nous parlerons des églises romanes avec quelques détails.

Style Gothique ou Ogival.

79. A l'époque de la Renaissance, les gens de lettres comme les artistes s'engouèrent tellement de l'antiquité, qu'ils regardèrent comme barbares les travaux du moyen-âge, et les appelèrent gothiques du nom des Goths, qui avaient envahi l'empire romain et y avaient détruit la civilisation. Aujourd'hui on rend justice à l'art du moyen-âge, et s'il diffère de l'art antique, il a ses beautés d'un genre à part.

On nomme Ogival le style qui a régné pendant les 13me, 14me et 15me siècles et dans le commencement du 16me, parce qu'il est surtout caractérisé par l'Ogive, ou arc brisé et pointu. L'ogive fut peut-être imitée des monuments arabes que les croisés avaient vus en Orient, ou bien fut-elle adoptée pour donner plus de solidité aux voûtes élancées des édifices.

Le style ogival a un caractère de légéreté, et

de grâce qui plaît ; il affecte les formes pyramidales. Les ornements sont pris dans le règne végétal. On distingue trois époques dans le style ogival ; dans la première, l'ogive est très élancée, en forme de fer de lance, la simplicité dans les ornements se joint à une assez grande solidité ; dans la deuxième, les ornements sont plus nombreux, l'ogive est moins aiguë, mais la hauteur des voûtes et le nombre des ouvertures augmente ; de là, nécessité d'augmenter les contre-forts pour conserver aux édifices une solidité suffisante ; dans la troisième, les ornements sont prodigués avec une telle abondance qu'on a donné le nom de flamboyant à ce dernier style. Les ouvertures se sont multipliées et se sont agrandies, de sorte que les parties vides sont plus grandes que les parties pleines. Cette légéreté extrême se produit aux dépens de la solidité. Tout n'est à l'extérieur que contreforts, ornés de pyramides pour leur donner de la grâce.

Style de la Renaissance.

80. Le style d'architecture auquel on a donné ce nom, parce que son apparition coïncida avec le mouvement qui porta les esprits à étudier avec ardeur les lettres grecques et latines, fut aussi un résultat de ce mouvement, puisque l'imitation de l'architecture antique en fut le

principe. Ce fut vers le milieu du 16me siècle qu'il se substitua définitivement à l'architecture du moyen-àge. Mais en s'efforçant de se modeler sur les formes et les ornements grecs et romains, il ne s'y conforma pas d'une manière absolue. Ni les proportions des monuments ni la longueur des colonnes, ni l'ornementation des chapiteaux n'y furent exactement observées, et des arabesques aussi gracieuses que capri cieuses, mais inconnues à l'art antique, décorèrent les frises et les pilastres. L'arc surbaissé, que les anciens n'ont employé qu'en cas de nécessité, y remplace le plus souvent l'arc à plein cintre ; les pilastres sont préférés aux colonnes, et les corniches ont fréquemment un saillie disproportionnée.

Petit à petit, l'imitation de l'antique devint plus complète, on en étudia mieux les proportions, on en copia plus exactement les formes et les ornements distinctifs des ordres, et vers le second tiers du 17me siècle, l'architecture en usage ne fut plus qu'une imitation plus ou moins heureuse de l'architecture des anciens grecs et romains. On remarque cette transition dans le style de la renaissance, surtout dans les édifices qui ont été construits pendant le premier tiers du 17me siècle. Ce style perd de sa grâce et prend de la lourdeur dans les monuments de cette époque.

Style moderne.

Pendant la dernière moitié du 17me siècle, tout le 18me et une partie du 19me, les règles de l'architecture établies par Vitruve au siècle d'Auguste, et renouvelées par les architectes italiens, notamment par Vignole, au commencement du 17me siècle, furent minutieusement observées par les architectes de toute l'Europe. Tout monument qui s'en éloignait était réputé de mauvait goût, et les édifices du moyen âge tombèrent dans un tel dédain qu'on s'efforça en bien des lieux de les modifier pour les rapprocher des formes antiques devenues modernes. C'est ainsi qu'on trouve tant de fois l'ogive masquée par des arcs à plein cintre, et des colonnes grecques appliquées comme ornements à des façades gothiques.

Cependant un mouvement se fit dans les esprits en faveur de l'art du moyen-âge, qui était surtout un art chrétien. Le *Génie du christianisme*, de Chateaubriand, et les ouvrages des écrivains de l'école appelée Romantique, appelèrent l'attention sur les monuments de la foi de nos pères. On les étudia et on finit par admirer leurs beautés, qui, pour être d'un autre ordre que les beautés de l'art antique, avaient aussi leur prix. On se passionna même pour ce style, qui en effet semble plus appro-

prié au culte catholique, que le style des édifices païens. Alors s'élevèrent une foule de
chapelles, et même de grandes églises, bâties
sur le modèle des cathédrales romanes ou
ogivales. Dans ces trois derniers siècles, nos
architectes ont presque toujours été des imitateurs, mais souvent des imitateurs de génie.

Aujourd'hui un nouveau style semble prêt à
naître des inventions modernes ; les grandes
usines, les gares des chemins de fer, les viaducs,
etc., ont fourni l'occasion de construire des
édifices destinés à répondre à des besoins nou-
veaux. Le fer, la fonte, la tôle, le zinc, y riva-
lisent avec la pierre et la brique. Jusqu'à présent
on a mis en première ligne l'utilité et la solidité, et souvent l'économie, mais il paraîtra
des constructeurs de génie, et peut-être existent-
ils déjà, qui ajouteront la beauté et la pureté
des lignes à ces édifices qui frappent déjà par
leur grandeur, et un nouveau style sera créé.

Ordres d'Architecture.

81. Lorsque les monuments que les Grecs et
les Romains nous ont laissés servaient exclusive-
ment de modèles aux architectes, on n'admet-
tait que cinq ordres d'Architecture, le *Toscan*,
le *Dorique*, l'*Ionique*, le *Corinthien*, et le *Composite*, représentés dans la figure ci-jointe.

Détails des Ordres d'Architecture.

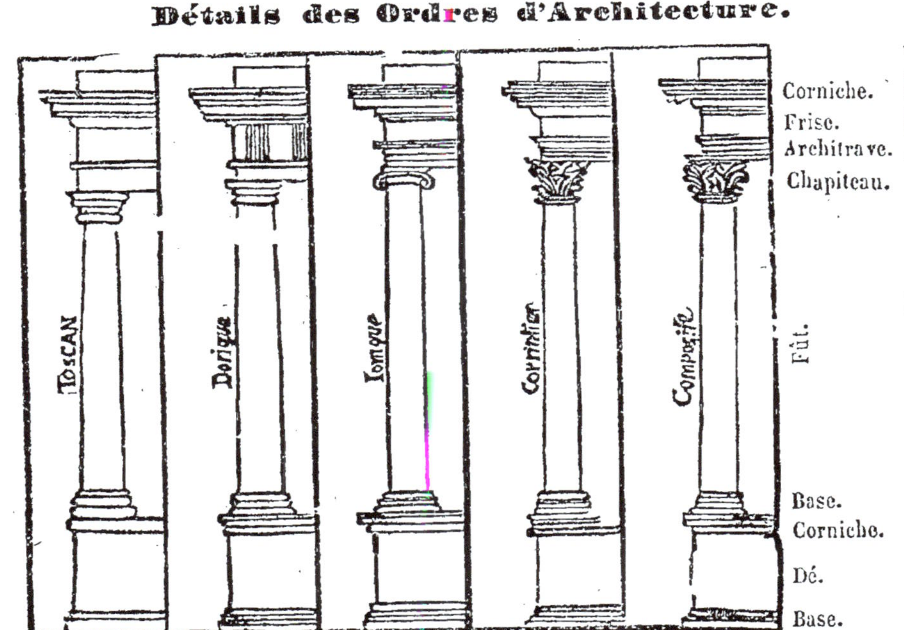

Composition générale des Ordres.

82. Un ordre parfait se compose de trois parties principales et distinctes, ayant chacune sa composition particulière. Ces trois parties sont : le *Piédestal*, la *Colonne*, et l'*Entablement*. Voir la figure à la page précédente.

Le Piédestal, qui supporte la colonne, se divise en trois parties : la Base, le Dé, et la Corniche.

La Colonne se divise en trois parties ; la Base, le Fût, et le Chapiteau.

L'Entablement, qui repose sur la Colonne, se divise aussi en trois parties : L'Architrave, la Frise, et la Corniche. L'Architrave repose immédiatement sur le Chapiteau, la Frise est l'espace qui sépare l'Architrave de la Corniche. Cet espace est ordinairement plan ; c'est là qu'on place les inscriptions, et souvent des bas reliefs.

Moulures.

Chacune des subdivisions des divisions que nous venons d'énumérer se compose de parties différentes qu'on appelle Moulures.

Les moulures sont des parties saillantes ou creuses, de formes et de hauteurs différentes, tracées par des lignes droites ou par des courbes, qui sont surtout des arcs de cercle. On reconnaît ces moulures à leur profil. Voici les principales : le Filet, tracé par des lignes droi-

tes horizontales et verticales, la Baguette qui
est un filet arrondi en demi cercle, le Tore ou
Boudin, ou Demi-Rond, qui est une grosse
baguette. Le Quart de Rond tracé par un quart
de cercle ; le Talon, formé par deux quarts de
cercle bout à bout, l'un rentrant et l'autre
saillant ; la Doucine, qui est un talon dont la
convexité est changée en concavité, et récipro-
quement ; la Scotie, qui sert à lier deux Tores.

Ces moulures ont des ornements qui s'appellent, entre-las, guillochis, oves, perles, denticules, etc.

On appelle profil un ensemble de moulures.
On remarquera divers profils dans la figure
représentant les chapiteaux, frises et entablements des divers ordres.

Caractères et Proportions des Ordres.

83. L'ordre Toscan est le plus simple de tous.
Son chapiteau (fig. 1, page suivante) est sans
ornement, et sa frise est toute unie.

Le Dorique (fig. 2.) a sa frise partagée par
des Triglyphes, qui sont une moulure plane
divisée par trois cannelures ; l'intervalle entre
les triglyphes s'apelle Métope, et on y met quelquefois des ornements.

L'Ionique (fig. 3.) a son chapiteau orné de
volutes, ou enroulements semblables aux cor-
nes d'un bélier.

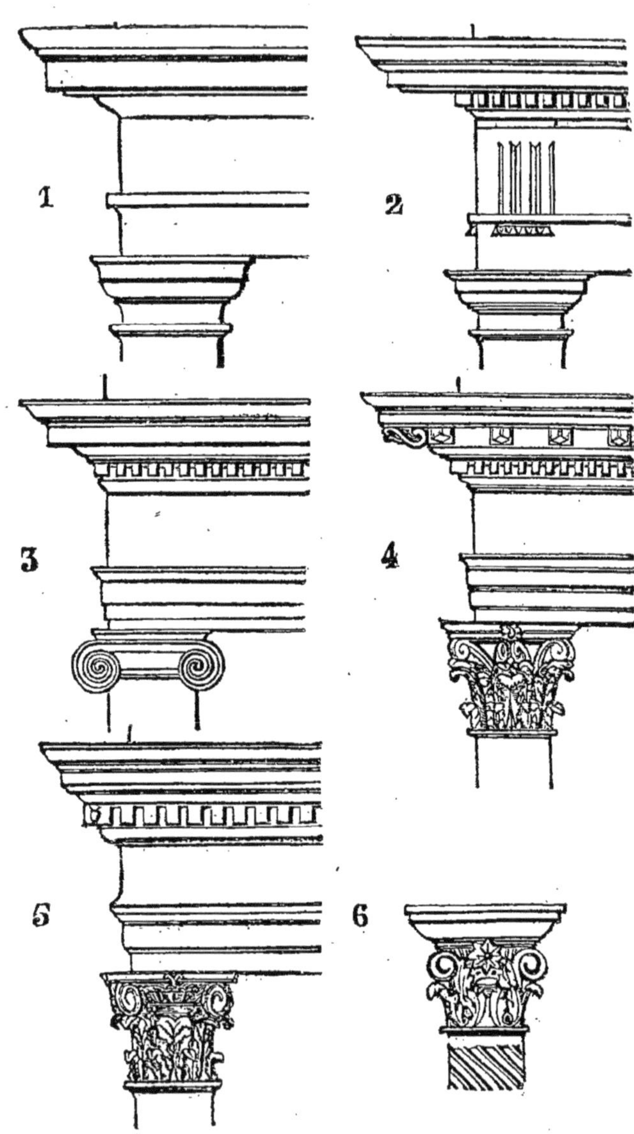

Le Corinthien (fig. 4.) a son chapiteau orné de feuilles d'acanthe, surmontées par de petites volutes.

Le Composite (fig. 5.) unit les volutes ioniques aux feuilles d'acanthe corinthiennes.

Ainsi les deux premiers ordres, le Toscan et le Dorique ont un chapiteau avec de simples moulures, et les trois derniers, l'Ionique, le Corinthien, et le Composite, ont un chapiteau de plus en plus orné, et où l'on remarque les volutes.

L'ordre Toscan a un caractère de simplicité rustique. La colonne a de hauteur sept fois son diamètre.

Dans l'ordre Dorique, les triglyphes figurent l'extrémité des solives posées sur l'architrave. L'entablement est orné de mutules, qui sont comme le couronnement des triglyphes, ou de denticules, qui sont une série de petites saillies pareilles à des dents.

Le fût de la colonne dorique est quelquefois orné de cannelures, qui sont des creux arrondis au nombre de vingt, allant du haut en bas de la colonne, et se touchant l'un l'autre, séparés par de vives arêtes. La hauteur de la colonne avec sa base et son chapiteau est de huit fois son diamètre.

La hauteur de la colonne ionique, base et

chapiteau compris, est de neuf fois son diamètre. La corniche est ornée de denticules.

Les colonnes corinthienne et composite, ont
pour hauteur, en y comprenant la base et le
chapiteau, dix fois leur diamètre.

La corniche de l'ordre corinthien a des mo-
dillons, qui sont de petites consoles renversées
placées à l'à-plomb des colonnes.

Lorsque, dans un édifice, on place des rangs
de colonnes les uns sur les autres, les colonnes
du bas doivent être d'un ordre plus simple que
celles du haut. Ordinairement on réserve le
Toscan ou le Dorique pour le rez de-chaussée.

Plus les colonnes sont massives, plus elles
doivent être espacées, surtout quand on les met
deux à deux ; plus elles sont élégantes et plus
elles doivent être serrées.

Lorsque les colonnes sont fort espacées on
les réunit par des arceaux. On appelle Portique
une suite d'arceaux reposant sur des colonnes,
et régnant autour d'un édifice.

Les façades sont fréquemment terminées par
un fronton, qui est le plus souvent triangulaire,
et quelquefois arrondi. L'angle supérieur du
fronton est quelquefois arrondi. L'angle supérieur du fronton triangulaire ne doit jamais être
aigu. On met aussi des frontons au-dessus des
fenêtres et des portes.

On appelle coupole la partie concave des voûtes sphériques, ou dômes qui surmontent ordinairement les édifices ou les portions d'édifices de forme circulaire. Ces coupoles sont ornées de compartiments qui se coupent à angle droit, et qu'on appelle caissons, sur lesquels on place des rosaces, des groupes de fleurs, etc.

Divers Genres d'Édifices.

84. Les édifices publics sont ceux où l'art de l'Architecte peut se déployer dans toute sa grandeur. Leur fin est de recevoir les assemblées des hommes, que la religion, les affaires, la guerre, le plaisir, ou l'utilité y appellent. De là des caractères spéciaux qui distinguent les monuments de l'architecture selon l'objet pour lequel ils ont été élevés. Les temples, les églises, les chapelles, les basiliques, les palais des souverains et des législateurs, les forteresses, les théâtres, affectent des formes qui empêchent de les confondre, et qu'ils empruntent à leur destination.

Temples antiques.

85. Les temples des anciens étaient des édifices carrés ayant un péristyle de colonnes, au moins sur la façade, et souvent tout autour. En général, ils étaient éclairés par le haut. Quelques-uns étaient de forme circulaire. En France, la Maison Carrée de Nîmes donne une idée des temples antiques.

Basiliques.

86. Les Basiliques étaient, chez les anciens, de magnifiques édifices, divisés à l'intérieur par deux rangs de colonnes formant trois nefs, ayant au fond un espace, souvent demi circulaire, où siégeait le tribunal ; car les Basiliques étaient le lieu où se rendait la justice, et en même temps, où les avocats, les hommes d'affaires et leurs clients se réunissaient. Elles servaient aussi de Bourses pour les commerçants.

Lorsque Constantin fut devenu empereur, et se fut déclaré le protecteur du culte des Chrétiens, il leur donna plusieurs basiliques pour être converties en églises. Alors l'hémicycle du fond ou *abside* devint la place du chœur ; l'autel fut placé en avant de l'abside. L'*ambon*, espèce de chaire à deux montées opposées, fut placé entre l'autel et l'entrée de la grande nef. C'est là qu'on lisait l'épître et l'évangile.

La forme de basilique resta celle de la plupart des églises chrétiennes, au moins en Occident, jusqu'au 11ᵐᵉ siècle. Aux 4ᵉ et 5ᵉ siècles, on ajouta au parallélogramme deux *transepts* entre l'abside et les nefs, ce qui donna à la basilique la forme d'une croix, dont la grande nef figurait la partie la plus allongée ; c'est ce qu'on appelle la croix latine.

Églises byzantines.

87. La forme de la croix grecque, c'est-à-dire à quatre branches égales, prévalut en Orient, où l'on prit pour modèle l'église que Constantin avait fait élever à Bysance ou Constantinople, sous le nom de *Sainte-Sophie*, ou la Divine Sagesse. Le milieu de l'édifice fut surmonté d'une immense coupole supportée sur quatre arcades à plein cintre, reposant elles-mêmes sur quatre piliers.

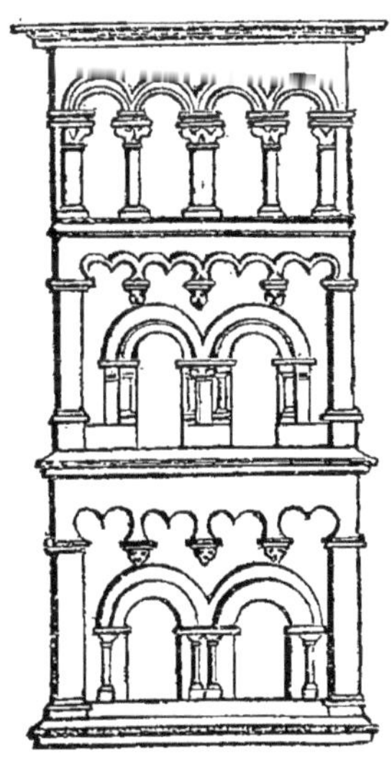

Églises Romanes.

88. On peut dire que le style roman primitif a regné pour les églises depuis Constantin jus-

qu'au 11me siècle, et ce que nous avons dit des basiliques converties en églises, s'applique aux églises romanes les plus anciennes.

A partir du 5me siècle jusqu'au 12me, on trouve sous les églises des chapelles souterraines, appelées *Cryptes* ou *Confessions*. Elles étaient destinées à recevoir les reliques des saints. Quelques cryptes occupèrent sous terre autant d'espace que l'église supérieure.

En général les pilastres remplacèrent les colonnes, la forme des chapiteaux fut altérée, * les corniches supprimées. Les plus anciennes n'étaient pas voûtées, et l'on voyait la charpente du toit. Ce ne fut qu'au 12me et au 13me siècles qu'on voûta généralement les églises.

Les clochers ne datent guères que du 8me ou du 9me siècle. Ils étaient alors isolés en dehors des églises, carrés, et couverts d'une toiture à quatre pans.

Au 11me siècle, naquit le style roman secondaire. Le plan général des églises fut à peu près le même; mais on ajouta de petites absides aux nefs latérales. Les chapiteaux prirent une très grande variété de formes, et s'éloignèrent davantage de l'antique chapiteau corinthien. Les arcades reposèrent sur des pilastres ou sur de

* Voir fig. 6 de la gravure qui représente les chapiteaux et les entablements des cinq ordres d'architecture antique.

lourdes colonnes à fûts engagés dans les piliers. Les clochers devinrent plus élevés, et se couronnèrent d'une pyramide à quatre pans presque toujours obtuse.

Le 12me siècle fut une époque où le style roman subit une troisième modification, qui le rendit moins lourd. Devenant plus élevés, les édifices eurent besoin d'être soutenus, et alors parurent les contre forts extérieurs. Les chapiteaux devinrent plus gracieux, les moulures furent plus élégantes, et les ornements furent distribués d'une main moins avare sur les lignes architecturales. Les roses qui n'étaient d'abord que de simples œils-de-bœuf, s'agrandirent, ét furent divisées par des meneaux ou rayons qui tendaient du centre à la circonférence.

Le portail principal de l'église, autour duquel les artistes prodiguèrent l'ornementation, commença à être partagé par un trumeau vertical surmonté de la statue de la sainte Vierge ou d'un saint. Plusieurs tours s'élevèrent pour flanquer l'édifice au lieu du clocher unique. Alors commencèrent les clochetons, inconnus auparavant. Mais le changement le plus important que le style roman éprouva au milieu du 12me siècle, ce fut la substitution de la voûte en ogive à la voûte à plein cintre. Le style roman

4.

continua à régner dans le midi de la France pendant une partie du 13ᵐᵉ siècle, mais il avait déjà cédé le pas au style ogival dans la France au delà de la Loire.

La gravure ci-dessus représente une façade d'église romane avec tour servant de clocher. On remarquera aux deux étages inférieurs l'ornementation en accolade qui surmonte les deux arceaux, parce qu'elle est caractéristique du style roman. À l'étage supérieur les arceaux sont au nombre de quatre. De lourds chapiteaux terminent les colonnes qui sont très courtes en proportion de leur grosseur. La frise n'existe pas, et les archivoltes reposent immédiatement sur les chapiteaux. Le plus ordinairement ces clochers sont terminés par une toiture à quatre pans. Dans les plus anciennes églises romanes, cette toiture a si peu de pente, qu'on ne l'aperçoit pas d'en bas.

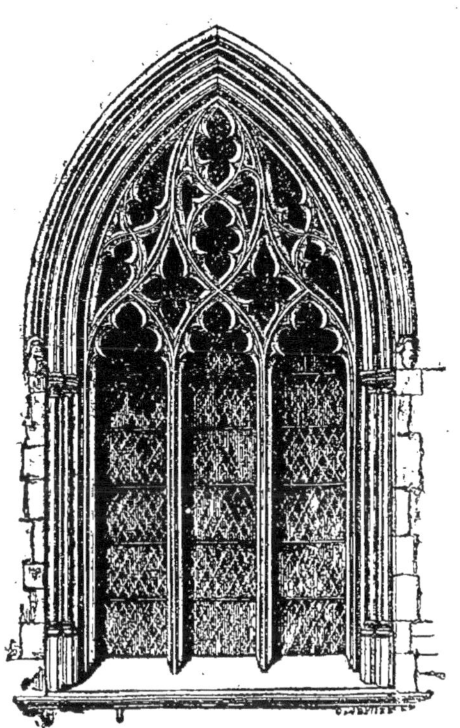

Églises Ogivales, dites Gothiques.

89. La victoire de l'ogive sur le plein cintre
était à peu près définitive au milieu du 15me
siècle. Le caractère de l'architecture changea
complètement; à l'aspect solide mais lourd des
édifices romans succéda la grace et la légéreté
des constructions ogivales. Les voûtes s'élevèrent à de grandes hauteurs, les fenêtres
s'agrandirent, les flèches des clochers s'élancè-

rent dans les airs, les clochetons se multiplièrent en s'éffilant. Mais cette transformation
ne s'opéra pas d'un seul coup, et, ainsi que
nous l'avons déjà dit, on distingue trois époques
principales dans le style ogival, celles du gothique à lancettes, du gothique rayonnant, et du
gothique flamboyant.

Le style ogival à lancettes régna pendant tout
le 13me siècle. Il y eut alors quelques modifications dans le plan des églises ; le chœur s'al-
longea, et les nefs latérales en se prolongeant,
vinrent se rejoindre derrière le chœur. Des
chapelles rayonnèrent dans cette abside agran-
die. Les voûtes démesurément surhaussées par
la pensée dominante dans l'art du 13me siècle,
qui est l'élancement, la direction vers le ciel,
eurent besoin d'appuis. Des arcs-boutants
hardis, reposant sur les contreforts carrés des
nefs collatérales, les soutinrent et furent ornés
d'une forêt de clochetons. La colonne n'est
presque plus employée isolée, et elle perd son
caractère primitif en se transformant de plus
en plus en colonnette effilée. Cette dégénéra-
tion de la colonne, dans le style ogival, alla
toujours en augmentant, au point qu'au 14me
siècle elle n'était plus qu'une espèce de tore, et
qu'au 15me elle était remplacée par la nervure.
Ce fut la Renaissance qui remit la colonne en
honneur.

Les arcades, par lesquelles les nefs latérales communiquent avec la grande nef, deviennent resserrées, celles des fenêtres prennent la forme d'une lancette. Les voûtes sont très hardies. Les roses sont tantôt en forme de roues, tantôt divisées en compartiment en forme d'ogive à trois ou à quatre lobes. Les façades des grandes églises ont ordinairement trois portes. A partir du 13me siècle, les portes latérales sont presque toujours placées à l'extrémité des transepts. Les balustrades commencent à figurer dans les églises autant comme ornements que comme appuis. Les clochers sont portés à une élévation extraordinaire.

Le style ogival adopta une heureuse innovation dans l'ornementation. Aux figures géométriques, ou aux imparfaites imitations des ornements antiques, que le roman employait, il substitua des ornements tirés des végétaux indigènes, les feuilles grasses, celles de vigne, de nénuphar, d'iris, de glaïeul, etc.

La peinture sur verre reçut d'importantes améliorations, et ce qui en reste aujourd'hui prouve la perfection où cet art avait été poussé dès le 13me siècle.

Au siècle suivant, le style ogival éprouva des changements qu'on ne peut pas appeler des progrès. Un des plus caractéristiques est l'ouverture des chapelles le long des nefs latérales. Jusque là elles n'avaient été pratiquées qu'autour du chœur. Les colonnettes s'amincirent et se formèrent en faisceaux. Les fenêtres furent divisées en deux ou trois parties par des meneaux, et le haut fut rempli par des rosaces, des ogives, des trèfles ou des quatre-feuilles. Quelques-unes, surtout celles de l'abside, prirent une grandeur démesurée. Les roses devinrent des cercles immenses, à rayons très ramifiés. Les balustrades se multiplièrent, et on en plaça jusqu'au sommet des tours. Les clochetons devinrent plus élégants.

Le 15me siècle voit apparaître le style ogival flamboyant. A l'élancement des constructions, à leur majesté, il préfère la finesse des détails. Les choux frisés et les chardons ornent les grandes lignes architecturales. Les colonnes deviennent de simples baguettes ou nervures. Les voûtes entrecroisent et enchevêtrent leurs arceaux. Les grandes roses étalent les ornements les plus contournés. Quelques arcs prennent la forme d'une accolade. En Angleterre, on en rencontre beaucoup de surbaissés, qu'on appelle arcs-Tudor. Les clochers sont moins élevés, et plusieurs dépourvus de flèches. Les dais de pierre, qu'on avait placés dès le siècle précédent au dessus des statues, sont travaillés avec le soin le plus minutieux et le plus délicat. La peinture sur verre fit des progrès réels.

On retrouvera dans la fenêtre gothique que nous donnons ci-dessus les caractères les plus remarquables du style ogival, les colonnettes accolées avec des chapiteaux très simples supportant les tores et nervures qui forment l'ogive, les meneaux qui divisent la fenêtre en trois portions, qui forment les découpures trilobées terminant chaque compartiment, et qui en se croisant dans la partie supérieure de la fenêtre y forment ces figures gracieuses, bi-lobées, tri-lobées et quatri-lobées qui font reconnaître au premier coup-d'œil les églises des 13me, 14me et 15me siècles.

Églises de la Renaissance:

90. Le style ogival ayant épuisé toutes les magnificences que le génie des artistes avait pu imaginer, se perdit par l'excès de sa richesse. Sa décadence favorisa le retour vers l'imitation de l'art antique, dont les règles avaient été retrouvées dans un manuscrit de Vitruve. Une lutte s'établit entre ces deux styles si différents, et ce qu'on appelle la Renaissance ne fut guères dans les églises qu'un mélange des formes antiques et ogivales. Le plein cintre et les pilastres corinthiens et ioniques se marièrent aux riches décorations du 15me siècle. Mais bientôt le plein

cintre resta seul maître du terrain, et le 17me siècle vit le triomphe définitif de l'architecture renouvelée des Anciens. De même que toutes les imitations, le génie des architectes manqua en général d'inspiration dans la construction des églises, et ne se donna libre carrière que dans l'architecture civile, qui n'avait occupé qu'un rang secondaire au moyen âge, et à laquelle la Renaissance donna une vive impulsion.

Palais.

91. Les palais des souverains de l'antiquité ne subsistent plus; ceux des monarques du moyen âge étaient des forteresses, mais, à partir de la Renaissance jusqu'à nos jours, l'architecture a pu déployer tous les trésors de son goût dans la contruction et dans la décoration des palais des empereurs et des rois. François Ier, Henri II, Catherine de Médicis en firent élever de magnifiques en France, dans le style de la Renaissance. Louis XIV signala sont règne par de superbes monuments, bâtis dans le style de l'Antiquit ainsi que la plupart des demeures des souverains construites depuis cette époque.

Forteresses.

92. Sauf quelques débris, les forteresses antiques n'existent plus, mais il en reste du moyen âge, leurs massives constructions ayant

résisté aux ravages du temps et à ceux de la guerre. Des tours très hautes, dont les plus anciennes sont carrées et les plus récentes arrondies, sont reliées par des courtines moins élevées. Le sommet de ces remparts s'élargit au moyen d'encorbellements ou saillies, appelées *mâchicoulis*. Les mâchicoulis supportent les créneaux derrière lesquels les défenseurs s'abritaient. Dans certains cas, la tour n'avait, sur chacune des trois faces extérieures, qu'un seul mâchicoulis, soutenu par un arceau, et séparé du corps de la tour par un vide, par lequel on faisait tomber sur l'assiégeant des pierres, des poutres, de l'huile bouillante, etc.

Ordinairement, le centre de la forteresse, qui avait quelquefois plusieurs enceintes et était entourée de fossés profonds, était occupé par une construction encore plus solide et élevée, par une tour ou par un ensemble de tours, qui servait de refuge quand les défenses extérieures étaient forcées, et où l'on gardait le trésor, les archives et ce qu'il y avait de plus précieux. C'est ce qu'on appelait le Donjon.

Cirques et Amphithéâtres.

95. Les anciens Romains aimaient beaucoup les courses de chevaux, d'hommes, les combats d'animaux, les luttes d'hommes, et ce qu'il

y avait de plus affreux, les combats de gladiateurs qui s'égorgeaient sous.les yeux d'un peuple
avide de voir couler le sang. La passion pour
ces jeux du cirque était poussée jusqu'à la
frénésie. Les empereurs à Rome, et les magis-
trats dans les provinces, dépensaient des sommes
considérables pour procurer ces genres de plaisir aux populations. De là ces monuments dont
plusieurs sont parvenus jusqu'à nous presque
intacts, le Colysée à Rome, les amphithéâtres de
Nîmes et d'Arles.

Les amphithéâtres étaient des constructions
de forme ovale, entourées à l'intérieur de nombreux gradins, qui enfermaient au bas un espace
vide, où se livraient les luttes, les combats
d'animaux et de gladiateurs. Des galeries circu-
laient sous ces gradins, et y donnaient accès
par des entrées appelées *Vomitoires*; elles étaient
éclairées par les arceaux qui régnaient tout
autour à chaque étage de l'enceinte extérieure.

Les cirques étaient beaucoup plus allongés
que les amphithéâtres. Ils servaient pour les
courses d'hommes et de chevaux. On les appelait aussi Hippodromes.

Théâtres.

94. Les théâtres antiques ne ressemblaient
pas aux nôtres; ils étaient construits pour contenir un bien plus grand nombre de spectateurs.

On choisissait le penchant d'une colline sur laquelle on posait des gradins de pierre en demi-cercle, quand on ne pouvait les tailler dans le roc. En face s'élevait un grand mur au pied duquel était la scène où les acteurs représentaient la tragédie et la comédie. L'enceinte demi-circulaire qui restait vide entre les gradins et la scène s'appelait l'Orchestre; c'était là qu'avaient lieu les danses. Le théâtre d'Orange est un des mieux conservé, et donne une idée de ce qu'était autrefois ce genre de constructions.

Ponts — Aqueducs. — Viaducs.

95. Il ne reste qu'un petit nombre de ponts construits par les anciens, et ils différaient peu des ponts en pierre que l'on construit à présent. Quelques ponts du moyen-âge sont à arcs ogivaux; celui du milieu est plus grand que les autres, mais en général les ponts sont à plein-cintre ou à arcs surbaissés.

Les aqueducs sont une suite d'arcades à un ou plusieurs rangs qui supportent un canal par où l'on amène dans les villes les eaux des sources plus ou moins éloignées. Le Pont-du-Gard est un magnifique reste des travaux des Romains en ce genre. L'aqueduc de Roquefavour sur lequel passe le canal qui amène les eaux de la

Durance à Marseille le surpasse, sinon en beauté, au moins par ses dimensions.

Les Viaducs sont des espèces de ponts, qu'on construit non-seulement sur les rivières, mais encore à travers les vallées pour maintenir les chemins de fer à un certain niveau.

Phares.

96. Les phares sont des tours très-élevées construites pour soutenir l'appareil destiné à éclairer pendant la nuit les rivages de la mer, et signaler aux navigateurs le voisinage des côtes. Plusieurs de ces phares sont des chefs-d'œuvre d'architecture, et des monuments de la puissance de l'industrie humaine en lutte avec les forces de la nature.

SECONDE PARTIE

ARTS DE LA MUSIQUE

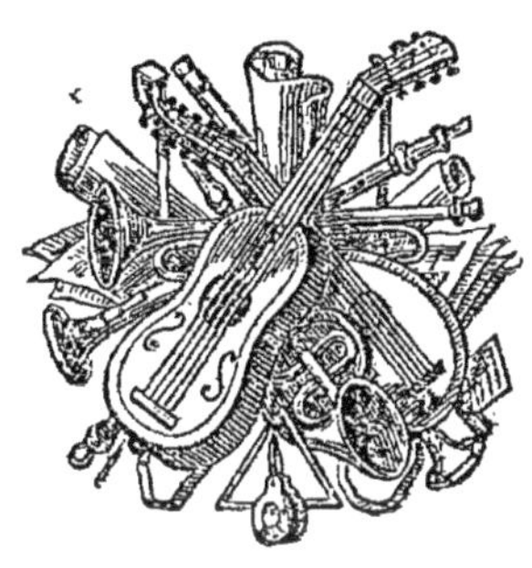

De la Musique en général.

1. La musique est un art qui a pour but d'émouvoir par la combinaison des sons. Les émotions que la musique fait naître sont de nature diverse, et correspondent aux passions du cœur humain: ainsi la joie, la tristesse, le calme, l'agitation, le rire, les larmes sont des effets de la musique.

De la Danse.

2. On comprend quelquefois la danse dans les arts de la musique. Elle ajoute le plaisir des yeux à celui de l'ouïe. Dans les Ballets, qui ont pour objet d'exprimer une action au moyen

de la pantomine et de la danse, la musique par ses accords tristes ou gais ajoute à l'expression des gestes, et à leur tour les gestes servent d'interprètes aux sons de la musique, dont le sens a toujours quelque chose de vague et d'indéterminé. Les danses ont varié suivant les pays et suivant les temps, il y en a de nobles et de graves, de décentes et de gracieuses, et malheureusement il y en a de dangereuses. Ces quelques mots doivent suffire pour un art dont on ne peut pas fixer les traces fugitives, qui se borne à charmer un instant les yeux, et bientôt s'évanouit. Il n'en est pas de même de la musique. Une écriture qui lui est propre fixe ses sons, comme l'écriture ordinaire fixe les paroles, et cette écriture a l'avantage d'être générale et d'être comprise par tous les peuples civilisés. Les ouvrages des grands compositeurs passent à la postérité, comme ceux des grands écrivains.

Origine de la Musique.

5. La musique est aussi ancienne que l'homme sur la terre, car il est naturel à l'homme de chanter, et le chant, c'est de la musique, et la plus belle musique, quand une belle voie l'exécute. L'invention des instruments de musique est bien antérieure au déluge. Jubal, est-il dit au chapitre IV de la Genèse, fut le père de ceux qui jouaient des instruments à corde et à vent.

Diversité des sons. — Gamme.

4. Il y a une infinité de sons entre le plus grave et le plus aigu que l'oreille puisse percevoir; mais on a remarqué qu'à mesure qu'on monte du grave à l'aigu, on rencontre des sons qui ne sont que la répétition à un ton plus aigu d'un son plus grave. On a appelé *Octave*, l'intervalle après lequel les sons se reproduisent exactement. Ce nom d'Octave vient de ce que ce son est le huitième à partir de celui qu'il reproduit, parce qu'on a divisé en huit parties cette espèce d'échelle musicale. Ces huit parties composent la *gamme*.

Notes.

5. On a nommé ces parties *Notes*, et chaque note a un nom, savoir, en partant du plus bas, *ut, ré, mi, fa, sol, la, si.*

Ces notes sont les premières syllabes des premiers mots de chaque vers de la première strophe de l'hymne de St Jean.

Ut queant laxis
Resonare fibris
Mira gestorum
Famuli tuorum,
Solve polluti
Labii reatum,
Sancte Joannes.

Au lieu de *Ut*, les Italiens disent *Do*, qui est plus sonore pour solfier, et cet usage a presqne prévalu en France.

Signes de la Musique.

6. Pour exprimer les sons par des signes, on s'est basé sur l'idée que les sons graves partent du bas de la voix, et que les sons aigus sont émis par le haut, parce qu'on avait remarqué que l'on ramassait le cou, qui contient l'organe de la voix, pour émettre les sons graves, et qu'on l'allongeait pour les sons aigus. On a donc figuré aux yeux cette échelle, en écrivant les signes des sons sur des lignes parallèles, qui ne furent d'abord qu'au nombre de quatre (comme elles le sont encore dans le plain-chant), et qui plus tard furent de cinq.

Ces cinq lignes s'appellent *portée*.

La *Clef* sert à donner le nom à la note placée sur la même ligne qu'elle, et par conséquent à celles qui suivent en montant ou en descendant, car l'ordre des notes est toujours le même. On verra la forme des trois clefs dont on se sert dans la figure ci-après, qui contient quatre portées.

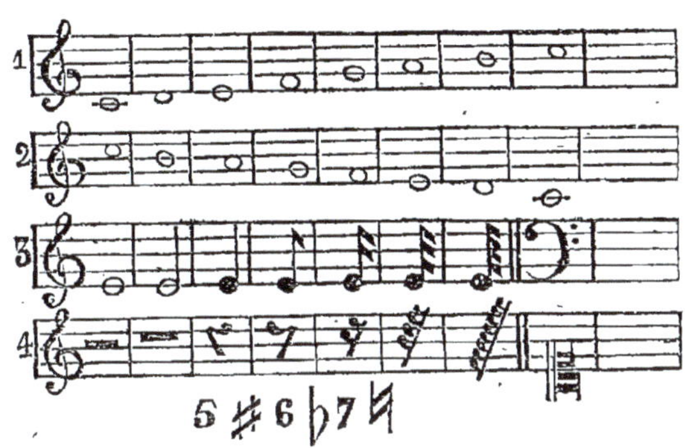

La clef placée en tête de chaque portée de
cette figure est la clef de *Sol*.

La clef de *Fa* est figurée à la fin de la troisième portée, et la clef d'*Ut* à la fin de la
quatrième.

Les clefs peuvent être accompagnées d'un
ou de plusieurs signes figurés au dessous des
quatre portées. Le signe précédé du chiffre 5
est un *Dièze*, il sert à élever la note d'un demi
ton. Le signe précédé du chiffre 6 est un *bémol ;*
il sert à abaisser la note d'un demi ton. Le
signe précédé du chiffre 7 est un *bécarre* : il
indique que la note doit reprendre son ton
naturel.

Quand ces lignes suivent immédiatement la
clef, toutes les notes du morceau de musique
sont diézées ou bémolisées, tant qu'il n'y a pas
d'indication contraire.

Lorsqu'un de ces signes est placé devant une note dans le courant du morceau, il ne change le ton de cette note que dans la mesure où il se trouve.

On peut voir comment les notes sont placées en jetant les yeux sur les portées 1 et 2. La première note de la première portée en commençant par celle d'en bas est un *ut*, la 2me un *ré*, la 3e un *mi*, la 4e un *fa*, la 5e un *sol*, la 6e un *la*, la 7e un *si*, la 8e encore un *ut*, et toujours dans le même ordre.

Dans la portée 2 les mêmes notes sont figurées en descendant.

Cette suite de note forme une *gamme*.

L'intervalle entre une note et celle qui a le même nom, soit en montant, soit en descendant s'appelle *octave*. Une octave est composée de sept notes qui produisent cinq tons et deux demi-tons. Les deux demi-tons sont de *mi* à *fa*, et de *si* à *ut*.

La position de la note et la clef indiquent le ton qu'on doit lui donner ; mais la figure de la note exprime la durée qu'elle doit avoir. Ces formes sont indiquées dans la portée 3 ; on les appelle *ronde, blanche, noire, croche, double-croche, triple croche.*

A chacune de ces notes correspond un silence de même durée que la note placée au-dessus.

Ces silences que l'on voit dans la portée 4 s'appellent *pause, demi-pause, soupir, demi- soupir, qvart-de-soupir, huitième-de-soupir, scizième-de-soupir.*

Une ronde vaut deux blanches, une blanche deux noires, une noire deux croches, une croche deux doubles croches, et ainsi de suite. Il en est de même des silences.

Un *point* placé après la note augmente sa durée de la moitié.

La *mesure* est ce qui détermine la valeur des notes et le caractère de la musique. Chaque mesure est indiquée par une barre perpendiculaire ; elle se divise en plusieurs temps. Il y a la mesure à deux temps, à trois temps et à quatre temps. On combine encore les différens temps pour faire des mesures composées.

On distingue deux modes dans la musique ; le *mode majeur,* où la tierce en montant se compose de deux tons entiers, et le *mode mineur* où elle n'est que d'un ton et un demi-ton.

Il y a plusieurs genres de musique, les principaux sont, la musique religieuse et la musique dramatique. La musique religieuse a un caractère grave et majestueux. La musique dramatique a un caractère plus passionné et plus tendre. Un opéra est composé de plusieurs morceaux dans lesquels les instruments s'unis-

sent aux voix pour nous charmer et nous
émouvoir. L'ouverture d'un opéra est exécutée
par les instruments seuls. Un duo est l'accord
de deux voix, un trio, un quatuor, de trois,
de quatre voix, accompagnées par les instruments. Un finale est un morceau qui termine un
acte, où souvent toutes les voix et tous les instruments se réunissent.

Transposition.

7. Les notes écrites indiquent des sons fixes;
ainsi un *la* est toujours un *la*, et ne doit pas se
rendre par un autre ton. Mais comme les voix
sont inégales, les unes graves, les autres plus
élevées, un chanteur à voix grave, ne saurait
chanter les morceaux écrits pour les chanteurs
à voix aiguë. Que fait-on dans ce cas? Si la
voix du chanteur n'est pas accompagnée par un
instrument, il donne à la note le son qui con-
vient à son genre de voix; mais il n'en est pas de
même si elle est accompagnée. L'instrumentiste
ne peut changer les notes de son instrument.
Alors pour prendre le ton du chanteur, il est
obligé de jouer d'autres notes que celles qui sont
écrites, ce qui exige une attention très soutenue
et beaucoup de présence d'esprit. C'est ce qu'on
appelle *transposer*. Pour simplifier cette opéra-
tion on suppose qu'il y a, au commencement

des portées, une autre clef que celle qui y est écrite.

La transposition est une des plus grandes difficultés de la musique; elle exige une aptitude particulière et une longue pratique, surtout chez ceux qui exécutent de la musique où il faut rendre plusieurs notes à la fois, comme dans le piano. Voilà pourquoi on a inventé des pianos et des orgues, où, par un mécanisme qui change la position du clavier, on exécute les morceaux dans des tons différents de celui où ils sont écrits.

Expression.

8. On donne le nom d'*Expression* à un mélange de douceur et de force, à des gradations et des dégradations dans l'intensité des sons, enfin à tout ce qui amène une variation dans le caractère d'un morceau de musique joué ou chanté.

Il y a des signes pour indiquer les passages où il faut donner aux sons une intensité plus forte ou plus faible, où il faut lier les notes ou les détacher, mais quant à l'expression qu'un excellent artiste met dans son jeu ou dans son chant, ce sont des accents de l'âme que l'on ne saurait indiquer par des signes.

Relations des Sons.

9. Les sons ont entr'eux des relations assujé-

ties à des règles, soit qu'on les fasse entendre successivement, soit qu'on les émette simultanément.

On appelle *Mélodie* une succession de sons isolés formant un tout qui exprime ce qu'on peut appeler une pensée musicale.

L'Harmonie est l'effet d'une suite de sons qu'on fait entendre simultanément.

Mélodie.

10. Tout chant est une mélodie, et par conséquent la mélodie existe depuis que l'homme chante ou joue d'un instrument. Dès sa naissance, la mélodie a été soumise à des règles, dont la principale est le *Rythme*. Le Rythme est lent, modéré ou précipité; il a des mouvements qui reviennent à intervalles réguliers. La musique dépourvue de Rythme est vague et finit par ennuyer.

La mélodie se renferme dans ce qu'on appelle des phrases musicales, qui sont une suite de sons dont l'ensemble forme un certain sens. Toute phrase est composée d'un *nombre* de mesures qui est ordinairement de quatre; plus rarement de deux, de trois ou de six. Une phrase musicale isolée ne peut avoir qu'un sens incomplet; il est complété par les phrases suivantes, qui ont une similitude avec la première par le nombre des mesures. On a donné à cet ensemble

de phrases le nom de *Carrure des phrases*, parce qu'elles sont ordinairement au nombre de
quatre.

La mélodie est donc soumise à deux conditions
d'où dépend son existence, le Rythme et le
Nombre.

Il en existe une troisième qui a pour but d'é-
viter la monotonie ; c'est le passage d'un ton à
un autre, et ce passage s'appelle *modulation*. En
général, les tons dans lesquels ou passe doivent
être voisins du ton principal du morceau. Les
conditions d'une bonne mélodie consistent donc
1° dans la symétrie du rythme, 2° dans la
symétrie du nombre, 3° dans la régularité de la
modulation.

Harmonie.

11. L'harmonie est une succession de sons
entendus simultanément ; ces sons simultanés
s'appellent *accords*. L'harmonie est la science
qui règle les rapports des accords entr'eux.

Les sons sont séparés par des *intervalles*.
Il y a un intervalle entre deux sons consécutifs
de la gamme ; cet intervalle s'appelle intervalle
de seconde. L'intervalle qui se trouve entre deux
sons séparés par un autre est un intervalle de
tierce. La *quarte* indique qu'il y a deux sons
entre les deux extrêmes ; on comprend donc
ce qu'indiquent les noms d'intervalles de
quinte, sixte, septième, octave et *neuvième*.

Lorsque deux sons résonnent ensemble, ils produisent sur l'oreille un effet agréable ou pénible ; ceci résulte de l'expérience.

On appelle *accords consonnants* les premiers, et les autres *accords dissonnants*.

Les accords consonnants résultent des intervalles de tierce, de quinte, de sixte et d'octave ; les dissonnants sont ceux de seconde, de septième et de neuvième. L'accord de quarte est regardé comme consonnant par les uns, et comme dissonnant par les autres ; cela vient de ce que son impression sur l'organe de l'ouïe n'est pas nettement désagréable comme celui des accords dissonnants.

La musique ayant pour but de charmer l'oreille, il semble qu'on devrait éviter les accords dissonnants. Ils sont cependant une source d'effets, car ils rompent la monotonie qui résulterait de l'emploi exclusif des accords consonnants. Ces effets tiennent à ce que l'oreille, un instant choquée par l'accord dissonant, éprouve un plaisir marqué quand cet accord retombe sur un accord consonnant. C'est ce qu'on appelle *résolution*. La règle est que toute note dissonante dans un accord doit descendre d'un degré dans sa résolution.

Les tons étant nommés d'après la première note de la gamme, cette note prend le nom de *tonique*. On appelle *note sensible* celle qui lui est immédiatement inférieure, et qui ne doit être séparée d'elle que par un demi-ton. Quand c'est la note sensible qui fait dissonnance dans un accord, elle doit se résoudre sur la tonique en montant.

L'accord de la tonique, de la tierce et de la quinte s'appelle *accord parfait*.

Lorsque dans un ensemble de voix, l'une d'elle, soit grave soit aigue, ne cesse pas de soutenir la même note, tandis que les autres varient leurs accords, cette note soutenue s'appelle *pédale*.

Contre-point. — Canon. — Fugue.

12. Le contre-point est l'art de combiner les diverses parties d'un morceau de musique. On appelle *partie* la suite de notes que chaque chanteur ou instrumentiste a à exécuter. Il faut que ces diverses parties forment un ensemble où les règles de l'harmonie soient toujours respectées. On peut, par exemple, ne mettre qu'une note à une partie, tandis que la seconde en exécute deux, la troisième quatre, dans la même mesure. C'est ce qu'on appelle le contre-point simple. Il y a aussi le contre-point double, le contre-point rétrograde, etc. ; mais nous devons nous borner à les indiquer.

Les *Imitations*, les *Canons*, et la *Fugue* sont

des formes musicales assez fréquemment employées par les compositeurs. Lorsque dans un morceau il se rencontre certaines phrases d'un caractère plus prononcé que celui des autres, on se plaît à les répéter, mais comme cette répétition amènerait la monotonie, on les transpose tantôt à une quarte, tantôt à une quinte, tantôt à une octave plus haut ou plus bas. C'est ce qu'on appelle *Imitation*. L'imitation peut n'être pas rigoureuse ; mais lorsqu'elle l'est exactement, elle s'appelle Canon. Lorsque l'imitation prend un caractère périodique et est parfois interrompue, on lui donne le nom de *fugue*, parce que les parties semblent se fuir dans les reprises du motif. Quand la fugue est composée par un homme de génie, c'est la plus majestueuse, la plus énergique et la plus harmonieuse de toutes les formes musicales.

Classement et Emploi des Voix.

13. Autrefois les morceaux de chant à plusieurs parties étaient composées du *Soprano* ou dessus, qui était ordinairement une femme, du *Contralto* ou hautre-contre, du *tenore*, qu'on appelait en France la *taille*, et du *basso* ou basse. Mais par diverses causes, les *haute-contres* étant devenues très-rares, ou la hausse progressive du diapazon ayant rendu les partitions trop

pénibles à exécuter, on a renoncé à la haute-contre, et les morceaux ont été écrits pour deux voix de femmes, le *Soprano* et le *Contralto*, et deux voix d'hommes, le *Tenore* et le *Basso*. Quelquefois on n'admet qu'une voix de femme, le soprano ou le contralto, et trois voix d'hommes, le ténor, le baryton et la basse. Le baryton est une voix intermédiaire entre celle du ténor et celle de la basse. On réunit aussi les deux voix de femmes aux trois voix d'hommes.

Des Instruments.

14. Les instruments de musique, dont l'invention date des premiers temps du monde, mais qui ne sont arrivés que peu à peu au perfectionnement qu'ils ont atteint aujourd'hui, peuvent se diviser en diverses classes, suivant la manière dont on en tire les sons. Les uns les produisent au moyen des cordes, les autres par l'introduction de l'air dans des tubes ou tuyaux, et d'autres par la percussion.

Instruments à Cordes.

15. Les cordes de ces instruments sont faites ou avec des boyaux d'animaux, ou avec des fils de métal.

Pour tirer du son des cordes, on les frotte avec un instrument composé de crins, qu'on appelle *archet*, ou bien on les pince ou on les frappe.

Les instruments à cordes et à archet forment une sorte de famille, dont les divers membres diffèrent par la grandeur. Le type de cette famille est le *violon*, que tout le monde connaît. Le violon a quatre cordes, dont la plus grave est en métal, et les trois autres en boyau. Les notes que donnent ces cordes quand on les fait vibrer à vide sont *sol, ré, la, mi*. On voit qu'elles montent de quinte en quinte. Pour obtenir les autres notes, on appuie les doigts sur les cordes, et comme par là on les raccourcit, elles donnent des sons d'autant plus aigus qu'on met le doigt plus avant.

L'*alto* ou viole, est un violon un peu plus gros.

La *basse* ou *violoncelle* est un gros instrument bien connu, ainsi que la *contre-basse*. En France la contre-basse n'a que trois cordes.

On appelle *quatuor*, la réunion de deux violons, d'un alto, et d'un violoncelle ; les deux violons jouent deux parties différentes, et se divisent en premier et second violon. Les morceaux de musique composés pour être exécutés par ces quatre instruments s'appellent aussi quatuors.

Les instruments à cordes pincées sont nombreux chez les différents peuples, mais la plupart ne sont plus en usage dans nos pays, sauf la *harpe* et la *guitarre*. La guitarre a six cordes, et le manche est divisé en cases qui indiquent où l'on doit placer les doigts de la main gauche selon la note qu'on veut faire rendre à la corde, qui est pincée de la main droite.

La harpe est un instrument très-ancien, qui n'avait autrefois que 15 cordes. Leur nombre est actuellement de 20. Au moyen d'un mécanisme inventé par Erard, et mis en action par une pédale, on peut hausser ou baisser d'un demiton le son de chaque corde.

La *mandoline* est une espèce de guitarre dont les cordes ne sont pas pincées avec les doigts, mais dont on tire des sons au moyen d'une plume tenue entre le pouce et l'index de la main droite.

L'application aux instruments à cordes du clavier, qui était employé depuis longtemps pour l'orgue, donna naissance à une classe d'instruments qui n'est arrivée que lentement à la perfection où nous la voyons aujourd'hui. L'épinette, le clavecin et le clavicorde ont été en usage jusqu'à la fin du siècle passé où fut inventé le bel instrument qu'on appela piano-forte, parce qu'il pouvait renforcer à volonté ou diminuer l'intensité du son. Pour abréger on l'appelle le piano. Dans cet instrument, ce sont de petits marteaux garnis de peau, qui frappent sur la corde pour en tirer le son. Chaque marteau est mis en mouvement par une des touches du clavier. Les cordes montent de demi-ton en demi-ton depuis la plus grave jusqu'à la plus aigue.

Instruments à Vent.

16. On les divise en trois classes : 1° la flûte, où l'air est introduit dans un tube par une ouverture latérale ou perpendiculaire ; 2° les instruments à anche, où le son est produit par les vibrations d'une languette flexible ; 3° les instruments à bocal ou embouchure, dans laquelle les intonations se font par les modifications du mouvement et de la position des lèvres.

Les instruments dans lesquels la bouche introduit l'air par une ouverture latérale sont la flûte, et la petite flûte ou octavin, que tout le monde connaît. Le flageolet reçoit l'air par une ouverture perpendiculaire.

Dans tous les instruments à vent, le son est modifié par des trous, qu'on ferme avec les doigts ou avec des clés ou qu'on laisse ouverts. Plus le tube est long plus l'instrument est grave. Les trous qu'on ouvre font le même effet que si l'on raccourcissait le tube jusqu'à l'ouverture de ce trou. D'après le même principe, les pistons ou cylindres font un effet analogue, de même que l'allongement ou le raccourcissement des tubes à coulisses du trombone.

Les instruments à anches sont le Hautbois, la Clarinette, le Basson, le Cor anglais, et quelques autres instruments d'invention moderne, mais qui ne sont que des modifications ou des perfectionnements des quatre instruments que nous venons de nommer.

Le hautbois a une grande puissance de son, et il fait un grand effet, à certains passages, quand il est bien joué. Le cor anglais n'est guères qu'un hautbois plus grave. Le basson fait un bon effet dans une symphonie ; mais comme il n'a pas une grande puissance de son, il a été délaissé dans les musiques militaires et remplacé par un autre instrument dont le corps est en cuivre et qui a plus de sonorité.

La clarinette est le fondement des musiques militaires, comme le violon l'est des orchestres ; le son de cet instrument est volumineux, plein, moëlleux, et d'une qualité qui ne ressemble à celle d'aucun autre instrument ; son exécution est assez difficile. Ses nombreuses clés exigent un doigté exercé, et son embouchure ne produit des sons agréables que par la bouche d'un exécuteur habile.

Dans la troisième espèce d'instruments à vent qui se jouent avec une embouchure ouverte ou bocal, sont compris les Cors, les Trompettes, les Trombones, les Cornets à Piston, les Ophicléides et toute la série d'instruments à embouchure qui ont été perfectionnés de nos jours, et qui portent le nom de M. Sax inventeur de ces perfectionnements.

Jusqu'à ces derniers temps, les instruments à embouchure, qui sont à peu près tous en cuivre, étaient assez bornés, car ils ne donnaient qu'un petit nombre de notes. Le cor était le type de cette famille ; la trompette jouait à l'octave du cor ; le trombone qui, par sa double coulisse, permet d'augmenter le nombre des notes, fut un perfectionnement du cor. Les pistons qu'on ajouta à la trompette la perfectionnèrent encore. On imagina aussi de donner des clefs à la trompette, mais cette amélioration donna à l'instrument des sons d'une qualité particulière, et on nomma cette trompette, Clairon ou *horn-bugle*. L'ophicléide est une très grande trompette à clefs. On fait aujourd'hui des instruments de cuivre de très grosses dimensions pour servir de contre-basses dans les musiques militaires. On a abandonné le serpent, dont beaucoup de notes étaient fausses, même dans les églises où il est remplacé par l'ophicléide, et mieux encore par l'orgue ou l'harmonium.

Orgue. — Harmonium.

17. L'invention de l'Orgue est antérieure à Charlemagne, car l'empereur Constantin Copronyme

en envoya un au roi Pepin-le-bref; mais ses perfectionnements ne datent que du 14me siècle.

L'Orgue se compose de plusieurs suites de tuyaux, dont ceux destinés à donner les sons les plus graves sont en bois, et les autres en un amalgame d'étain et de plomb appelé étoffe; ceux-ci sont à embouchure ouverte comme les flûtes, ou à embouchure à languettes de cuivre, comme les instruments à anche. Ces tuyaux sont placés debout du côté de leur embouchure qui est le plus petit, dans des trous pratiqués dans des caisses appellées *sommiers*, où l'air se distribue. Quand l'organiste presse du doigt une des touches du clavier, cette touche tire une baguette qui ouvre une soupape correspondante au trou par lequel l'air entre dans le tuyau. Si le tuyau est une flûte, le son est produit par la colonne d'air qui vibre dans le tuyau ; si c'est un jeu d'anche, le son résulte des battements de la languette qui brise l'air contre les parois du bec du tuyau.

Ce sont ces languettes qui ont donné l'idée de l'instrument appelé *harmonium*, où des languettes isolées, faites en lames métalliques très minces, entrent en vibration dès que l'air les frappe ; ces sons deviennent plus forts quand la pression de l'air augmente ; ce qui a fait aussi appeler cet instrument *Orgue expressif*. Les orgues de Barbarie, les serinettes, sont joués au moyen de cylindres sur lesquels sont piquées des pointes de cuivre qui pressent les touches à mesure qu'on tourne.

Instruments à Percussion.

18. La grosse caisse, le tambour, le tambour de basque, les cymbales, le triangle, sont des instruments à percussion connus de tous. Les timballes sont deux bassins de cuivre recouverts d'une peau tendue par un cercle de fer qui se serre par des vis. Chaque timbale rend un son différent ; elles s'accordent à la quinte ou à la quarte.

Des Formes des Compositions musicales.

19. Les compositions musicales peuvent se diviser suivant leur objet. On ne saurait confondre la musique sacrée avec la musique dramatique ; la musique de chambre, celle des airs populaires sont distinctes des premières et entr'elles.

La musique sacrée ou d'église est appliquée à des messes, à des motets, à des psaumes, à des cantiques, à des litanies. L'oratorio fait partie de la musique sacrée en Italie, en Allemagne et en Angleterre ; mais en France, on n'en exécute que dans les concerts.

Dans la musique dramatique, comme dans celle d'église, il y a des morceaux chantés par une seule voix, des duos, des trios, des quatuors, des quintetti, des sextuors, des septuors, chantés par deux, trois, quatre, cinq, six et sept voix de différentes qualités ; ces derniers morceaux s'appellent morceaux d'ensemble.

Les Symphonies tiennent le premier rang dans la musique de concert. Les violons, altos, violoncelles, et autres instruments à cordes en font la partie essentielle ; les instruments à vent y sont accessoires, mais ajoutent à l'effet des symphonies, par leur variété, quand on ne les prodigue pas. Dans les musiques militaires, il n'y a que des instruments à vent ou à percussion.

Les ressources immenses de l'orgue peuvent faire regarder cet instrument comme un orchestre, exécutant de la musique sacrée. L'organiste doit connaître le plain-chant et la manière de l'accompagner ; l'art de toucher et d'accompagner aux messes, vêpres, hymnes, etc. selon l'importance des fêtes ; il doit savoir, toutes les fois qu'il a un morceau un peu long à exécuter, l'orner de toutes les ressources du style fugué.

Du Chant.

20. Une belle voix est un don de la nature indispensable pour chanter, mais seule elle ne suffit pas pour la perfection du chant. Un chanteur, même médiocre, qui sait bien poser sa voix, peut faire beaucoup de plaisir, tandis qu'un chanteur ignorant ne tire souvent aucun parti d'un bel organe.

On dit qu'un chanteur *pose* bien *sa voix*, quand il combine bien les mouvements de la respiration avec l'émission du son, et qu'il ne développe le son que selon la force de son organe, sans jamais faire dégénérer ce son en cri.

Le travail le plus utile de l'art du chant, pour les femmes, consiste dans le développement de la respiration, car elles l'ont plus courte que les hommes.

Porter le son, c'est unir un son à un autre par le mouvement du gosier.

Le *trille* est le passage alternatif et rapide d'une note à la note voisine. Le *groupe* est une suite rapide de trois ou quatre sons pour orner certaines notes qu'on trouve trop simples pour l'effet du chant. Ces ornements, et d'autres du même genre, s'appellent *fioritures*. Elles sont indispensables dans le chant, mais il ne faut pas en abuser.

Ce qu'il y a de plus essentiel dans le chant c'est l'*expression*, qui consiste à rendre avec âme les sentiments que le compositeur a voulu exprimer.

Compositeurs célèbres.

21. Les effets de la musique sont si pleins de charmes que l'on aime à connaître les noms des artistes qui ont réussi à les produire, et on se souvient des grands musiciens comme des grands poëtes.

Au dix-septième siècle, Pergolèse, Leo, Duranti, Jomelli en Italie, Lulli en France, ont imprimé à la musique cet essor qui en a fait un art admirable.

Le dix-huitième siècle peut citer avec orgueil, en suivant l'ordre des dates de leur naissance, Rameau, Grétry en France, Hœndel, Gluck, Mozart en Allemagne, Paësiello, Cimarosa en Italie.

Notre dix-neuvième siècle n'a pas été moins fécond que les deux précédents en compositeurs illustres. Ses premières années ont vu fleurir Cherubini, Spontini, Beethoven, Méhul, Boveldieu, et plus tard ont paru Weber, Rossini, Hérold, Auber, Donizetti, Meyerbeer, Verdi, et bien d'autres dont les œuvres musicales font l'admiration de toute l'Europe.

RÉSUMÉ EN FORME DE QUESTIONNAIRE.

Première Partie. — Arts du Dessin.

1. Définissez ce qu'on entend par Beaux-Arts.
2. Quels sont les avantages des Beaux-Arts?
3. Comment divise-t-on les Beaux-Arts?
4. Qu'est-ce que le Dessin?
5. Indiquez les divers genres de Dessin.
6. Quelles sont les deux sortes de Dessin d'Imitation?
7. Qu'entend-on par Dessin de la Figure.
8. Comment pratique-t-on le Dessin de la Figure humaine?
9. Expliquez ce que c'est que le Trait et les Ombres.
10. Quelles sont les qualités d'un bon Dessinateur?
11. Indiquez les Proportions du corps humain.
12. Qu'est-ce que la Perspective?
13. Parlez des Procédés du Dessin.
14. Définissez le Dessin d'Ornement.

15. Indiquez les Procédés du Dessin d'Ornement.
16.   —   —   — Linéaire.
17.   —   — du Lavis.
18. Définissez la Peinture.
19. Quelle est l'origine de la Peinture ?
20. De quelle époque date la renaissance de la Peinture ?
21. Quelles sont les principales règles de la Peinture ?
22. Qu'est-ce que le Dessin ?
23.   —   le Modelé ?
24.   —   la Perspective ?
25.   —   la Perspective aërienne ?
26.   —   l'Effet ?
27.   —   la Couleur ?
28.   —   le Clair-Obscur ?
29.   —   l'Harmonie ?
30. Indiquez les diverses sortes de Peinture.
31. Parlez-nous de la Peinture à l'Huile.
32.   —   — à la Fresque.
33.   —   — à l'Encaustique.
34.   —   — en Détrempe.
35.   —   — au Pastel.
36.   —   — en Miniature.
37.   —   — à l'Aquarelle.
38.   —   — sur Email.
39.   —   — en Mosaïque.
40.   —   — sur Verre.
41. Quels sont les ustensiles de la Peinture.
42. Indiquez les divers Genres de Peinture.
43. Qu'entend-on par Ecoles de Peinture ?
44. Qu'est-ce qui distingue l'Ecole Romaine ?
45.   —   — Florentine ?
46.   —   — Lombarde ?
47.   —   — Vénitienne ?
48.   —   — Française ?
49.   —   — Espagnole ?
50.   —   — Allemande ?
51.   —   — Flamande ?
52.   —   — Hollandaise ?
53.   —   — Anglaise ?
54.   —   — Byzantine ?
55. Définissez la Sculpture.

56. Quels sont les matériaux dont se sert la Sculpture?
57. Indiquez les divers Genres de Sculpture.
58. Qu'entend-on par Ronde-Bosse, Demi-Bosse, Bas-Relief?
59. Quel est l'objet de la Sculpture d'Ornement?
60. Qu'appelle-t-on Camées?
61. Indiquez les Procédés et les Outils de la Sculpture.
62. Nommez les Sculpteurs célèbres.
63. Quel est le but de la Gravure?
64. Indiquez les divers Genres de Gravure.
65. — les Procédés de la Gravure en Taille-douce.
66. — — — sur Bois.
67. — — — sur Pierre.
68. — — de la Nielle.
69. Définissez l'Architecture.
70. Quelle est l'origine de l'Architecture?
71. Quels sont les matériaux de l'Architecture?
72. Quels sont les divers Styles d'Architecture?
73. Parlez du Style Egyptien.
74. — Grec.
75. — Romain.
76. — Arabe.
77. — Byzantin.
78. — Roman.
79. — Gothique ou Ogival.
80. — de la Renaissance, du Style moderne.
81. Qu'entend-on par Ordres d'Architecture?
82. De quoi se compose un Ordre, et que sont les Moulures.
83. Décrivez les Caractères et les Proportions des Ordres.
84. Quels sont les divers Genres d'Edifices.
85. Décrivez les Temples antiques.
86. — les Basiliques.
87. — les Eglises Byzantines.
88. — — Romanes.
89. — — Ogivales dites Gothiques.
90. — — de la Renaissance.
91. Décrivez les Palais.
92. — les Forteresses.
93. Décrivez les Cirques et les Amphithéâtres.
94. — les Théâtres.
95. — les Ponts, Aqueducs et Viaducs.
96. — les Phares.

Deuxième Partie. — Arts de la Musique.

1. Qu'est-ce que la Musique en général ?
2. Dites un mot de la Danse.
3. Quelle est l'origine de la Musique ?
4. Qu'est-ce qu'une Gamme ?
5. Que sont les Notes, et d'où vient leur nom ?
6. Indiquez les principaux Signes de la musique.
7. Qu'est-ce que la Transposition ?
8.   —   l'Expression ?
9. Quelles relations les sons ont-ils entr'eux ?
10. Qu'est-ce que la Mélodie ?
11.   —   l'Harmonie ?
12.   —   le Contrepoint, le Canon et la Fugue ?
13. Comment classe-t-on et emploie-t-on les voix ?
14. Comment divise-t-on les Instruments de musique.
15. Indiquez les divers Instruments à Cordes.
16.   —   —   —   à Vent.
17. Dites un mot de l'Orgue et de l'Harmonium.
18. Indiquez les Instruments à Percussion.
19 Quelles sont les formes de la Composition musicale ?
20. Parlez de ce qui regarde le chant.
21. Nommez les Compositeurs célèbres.

TABLE.

FIN.

www.ingramcontent.com/pod-product-compliance
Ingram Content Group UK Ltd.
Pitfield, Milton Keynes, MK11 3LW, UK
UKHW022249120726
13694UKWH00003B/1006